教育部人文社会科学规划基金项目（立项号：14YJA880102）、陕
项号：2022K026）、陕西乡村基础教育发展研究中心重点项目（立项号：SXJY202005）、咸阳
师范学院学术著作出版基金资助出版

对分课堂：
为深度学习而教

赵婉莉　著

WUHAN UNIVERSITY PRESS
武汉大学出版社

图书在版编目(CIP)数据

对分课堂:为深度学习而教/赵婉莉著.—武汉:武汉大学出版社,2022.12
ISBN 978-7-307-23474-1

Ⅰ.对… Ⅱ.赵… Ⅲ.课堂教学—教学模式—研究 Ⅳ.G424.21

中国版本图书馆 CIP 数据核字(2022)第 226630 号

责任编辑:黄金涛 责任校对:李孟潇 版式设计:马 佳

出版发行:**武汉大学出版社** (430072 武昌 珞珈山)
　　　　(电子邮箱:cbs22@whu.edu.cn 网址:www.wdp.com.cn)
印刷:武汉图物印刷有限公司
开本:787×1092 1/16 印张:9.5 字数:187 千字 插页:1
版次:2022 年 12 月第 1 版 2022 年 12 月第 1 次印刷
ISBN 978-7-307-23474-1 定价:33.00 元

序

很高兴为赵婉莉老师的专著《对分课堂：为深度学习而教》做序。这本书是赵老师八年对分课堂教学实践与研究的智慧结晶，对外语和更多学科的教学改革都有很大的价值。

2014年的春季学期是我首次尝试对分课堂的学期。9月份我开始推广，秋季学期先后有50多位老师开始运用对分。我至今仍然保存着一个Excel表格文件，一份珍贵的记录，里面是这些老师的姓名、学校、课程和学生人数。赵老师就是这些先行者中的一位，而且在对分教学的道路走到今天，八年一直没有间断。2021年的教师节，赵老师被对分课堂教育创新共同评为对分课堂先锋教师，2022年的教师节，她成为首批对分课堂认证教师。可以看到，赵老师是对分课堂的探路先锋和资深人士。

十年磨一剑，赵老师的坚持令人钦佩。对分课堂是崭新的教学模式，未来，更多的人会理解，它开启了学校教育的一个新时代。每个新时代，都有一个代表性群体。对教育而言，这就意味着一批新名师的涌现。赵老师就是这样一个新时代的新名师。

时代变革的时候，为什么有的人，如赵老师，能窥见先机，引领潮流呢？因为他们很"年轻"！年轻的标志不是年龄，而是学习的能力，是虚怀若谷，有愿意学习。我见过一些老师，有的说，对分课堂好简单啊，不可能管用；有的说，对分课堂好复杂啊，不想折腾自己。其实，简单、复杂并不是真正的理由。一个人如果饥肠辘辘，会说"这个菜好简单，肯定吃不饱，不吃了"吗？会说"这个菜好复杂，没法下嘴，不吃了"吗？如果这么说，肯定是不饿。虚怀若谷的人，才会感到"饥饿"，才会有对变革的渴望。认为自己当前的教学很不错的人，并不"饥饿"，并不真想吃东西。无论多好的内容，他们都会以种种借口推开，他们是叶公，只在口头上关心教学。形成鲜明对比的，是赵老师这样的学习型的真正的教师。

赵老师本来就有活力，对分课堂给她带来了更多的活力。她邀请我去咸阳师范做讲座带动更多老师，她在海外访学时宣传对分，她在英语教育的国际会议应邀做大会发言，她在外语学院组建了一个团队，持续多角度探索对分，并负责大学英语对分教材的听力板块，她和团队还在学校创历史记录获得了陕西的省级重点课题，她们举办对外的对分公开课展示，辐射很多周边学校，她还通过国培项目，向中小学教师传播对分。勤奋的赵老师，做教学、带团队、写论文、报课题，还参加全国对分社群的教研，像风车一样，转个不停。还不够，获得教授多年的她，去年开始读西安交大的博士。为什么这么努力？赵老师多次说，在做教改、推对分的过程中，感到非常快乐。这就是真正的教育人的淳朴而深厚的情怀。

对分课堂是教育的大课题，特别需要有情怀的人研究和发展，这样的研究可以从很多不同的角度出发。赵老师的视角是深度学习。1976 年，Marton 和 Saljo 基于一系列对学习过程的实验研究，在《学习的本质区别：结果和过程》一文中首次提出了深度学习（Deep Learning）和浅层学习（Surface Learning）的概念。到今天，深度学习已经形成了一个内容丰富的研究领域，这个概念也具有了更深刻的内涵。综合看，深度学习包含了五个基本特征，分别为促进知识建构、注重批判理解、强调信息整合、着意迁移运用、面向问题解决。这五项之中，如果再分层次的话，可以认为是以知识建构、批判理解和信息整合为微观手段，以能够迁移运用为中观表现，最终达成问题解决的宏观目标。这样的分层能更好地理解对深度学习的不同定义。比如，美国国家研究委员会 NRC 认为，深度学习是将知识应用到新情境的过程，即迁移。这一定义就体现了在中观层面对深度学习的理解。

学习实现有深度，本身是教学目标的问题，不能脱离布鲁姆等开创的教育目标分类学，特别是其认知学习领域六层次目标分类体系。然而，布鲁姆的分类存在一些逻辑问题，主要是分析和综合两个层次与其它层次并不独立。2017 年，我对这个体系做了调整，形成了一个四层次能力（教育）目标分类体系，包括复制、理解、运用和创新。从这个体系出发，可以比较简明地把浅层学习定义为达成了复制与理解的学习，把深度学习定义为达成了运用与创新的学习。运用的核心是到新情境的迁移，创新也是更远的迁移。这样，可以为学习建立一个从由浅至深的梯度。这些内容在赵老师和我合作的论文中都有较细致的描述。

虽然这些理论的分析很有必要性，但是对一线教师来说，如何实现深度学习，是一个更为迫切的问题。赵婉莉老师的书，对此给出了有效的回应。基于她自己的教学实践和学术研究，她提供了完整的方案，包含了对不同学段、不同板块的教学，如何激发学生的主动性，如何实现对于深度学习至为关键的迁移。

无论国内国外，这都是第一次详细阐述如何基于中国本土的对分课堂教学模式，促进学生的深度学习。这本书创新性强，理论引领与实践指导兼具，可供职前、职后教师及从事教研的教务管理部门参考。

深度学习不仅关注个人认知，还注重人际的发展。以对分课堂为具体的操作流程，达成深度学习的效果，会更好实现人的社会性发展，把全面育人的教育目标落到实处。赵婉莉老师的书，整合了深度学习和对分课堂这两个重要的研究领域，一定能给大中小学的教学改革带来很多启迪。

张学新

对分课堂创始人

复旦大学心理学系教授、博士生导师

2022 年 10 月

前　言

2014 年，复旦大学心理系张学新教授基于长期教学实践和认知心理学与脑科学的研究，提出了基于中国本土的对分课堂教学模式。我有幸第一时间读到相关内容，激动不已。因为自己当时任教大学英语课程，班额大课时多，疲于上课、焦虑感、职业倦怠等情绪时常会有，就在教学遇到瓶颈需要突破的时候，适合中国国情的对分课堂教学模式诞生了！真是天赐良方！从 2014 年的秋季学期至今，我的教学中就再也没有离开过对分课堂教学模式。对分课堂的核心理念是师生权责对分，给学生一定的尊重和自主权，最大程度地调动学生的积极性。对分不仅仅带给我的学生更多的成就感，还让我感受到久违的职业幸福感！遇到对分，是我和学生的幸运！

2019 年，我在美国威斯康星大学麦迪逊分校教育学院课程与教学系进行访学，师从国际上深度外语教育研究的知名学者弗朗索瓦·维克多·涂尚（Francois Victor Tochon）教授。访学期间，一边跟随涂尚教授团队深入学习有关深度外语教育的相关研究，一边主持实施陕西省高等教育教学改革研究重点项目《基于 PAD 新型教学模式的大学英语教学改革研究与实践》（项目编号：17BZ044）。其实在 2018 年联系访学导师的时候，我就对深度外语教育很感兴趣，阅读了涂尚教授关于深度外语教育的专著和国内读者的相关刊文。在学习和教研的过程中，非常激动地发现对分课堂教学模式有助于促使学生实现深度学习。研究期间，撰写的文章《对分课堂：促进深度学习的本土新型教学模式》很快被中文核心期刊《教育理论与实践》刊发。从中国知网提供的数据可知，越来越多的读者关注此文，关注对分课堂教学模式。

2020 年回国以后，我就在酝酿，要写一本关于对分课堂促进深度学习的专著。恰逢新冠疫情爆发，就实施线上对分。时至今日，疫情反复期间，就实施线上线下混合式对分教学模式，更深切的感受到对分课堂不仅促进了学生的深度学习能力，也提高了自己和团队老师的深度教学能力。撰写心中所想的专著，时机已成熟，那就开始行动！

全书共六章。第一章阐述对分课堂教学模式的内涵、产生的理论基础、具体的四元教学流程及在我国实施的必要性和可行性；第二章介绍教育领域深度学习的内涵、国内外目前的研究现状和发展趋势，及实现深度学习的教学要求；第三章重点论证对分课堂教学模式的教学流程是如何促进学生进行深度学习；第四章是外语教师深度教学能力，主要阐述了外语教师的深度教学胜任素养。第五章是对分课堂促进深度学习的高校教学设计及课例；第六章是对分课堂促进深度学习的中小学教学设计及课例。各章节围绕对分课堂是为深度学习而教的主题，分别回答了不同的问题。这些问题，从"是什么"到"为什么"，"现状如何"到"存在什么问题"及"实践中应当怎样做"，从本体论到价值论，从理论到实践，较好地体现了内容结构的整体性和逻辑性。

对分课堂起源于高等教育，却也兴盛于基础教育。对分课堂之所以有如此大的普适性，是因为在其"讲授—独学—讨论—对话"的四元教学流程中，能培养学生的语言能力、文化意识、思维品质、学习能力等英语学科核心素养。正如著名心理学家、教育部核心素养框架课题组首席专家林崇德先生所说"对分课堂促进教师更好地改革教育思想、教学内容、教学方法；有利于提高学生乐学善学、批判质疑、勤学反思、实践创新等核心素养。"如何促进学生进行深度学习，培养学生的深度学习能力及核心素养，是当前教育改革与发展的重要课题之一。

本书适用于大学、中小学等不同层次，不同专业的教师及教育工作者。既可以作为广大在职教师提高教学素养的理论兼实践性指导读物，又可以作为师范院校培养学生教学技能的选修读物，同时也适合于行政教务部门的教研工作者。

本书是国内第一部详细阐述基于中国本土的"对分课堂"教学模式有助于提高学生深度学习能力的研究，因而难免有不足之处，请各位专家、老师和同学多提宝贵意见，以待后续改进和完善。

赵婉莉

2022 年 9 月

目　　录

第一章　对分课堂教学模式

第一节　对分课堂的缘起

2014 年，复旦大学心理系张学新教授在其所任教的心理系本科生课堂上实践了一种新的教学模式。形式上，把课堂时间一分为二，一半归教师讲授，一半归学生讨论；但实质上，是在讲授和讨论之间引入了一个心理学中的内化环节，使学生对讲授内容先进行独学，内化吸收之后，有备而来地参与讨论。张教授将此命名为"对分课堂教学模式"。

张学新教授是中科大少年班本科毕业，美国普林斯顿大学博士毕业，耶鲁大学博士后，长期从事认知心理学与脑科学的研究。从 2006 年到 2008 年，即在张教授最初的两年在香港的教学生涯中，由于在教学环境中，有英语、普通话、广东话等多种语言，间或方言，加上传统的教学方式等，学生的学习主动性不强，教学效果不理想。于是，张教授就有了一个初步的设想，自己先讲，学生课下复习讲授内容，下次上课讨论。但没有机会实践，仅限于设想。2013 年 12 月，张教授从香港转到复旦大学任教，2014 年春季学期开始在本科生的心理学研究方法课上实践这种教学设想，将其命名为"对分课堂"。在期末结课时，经过问卷调查，学生对新方法的认可度为 86%。自此，对分课堂便很快传播开来。

第二节　对分课堂的发展

自 2014 年秋季学期至今的 8 年时间，对分课堂的使用学校从城镇到乡村，从高等教育到基础教育，覆盖人文、理工、医学等多个领域及语文、外语、美术、体育等多个学科，被列入教育部和上海市教育委员会教师培训项目，获批陕西省、上海市等多省份的本科教学改革项目。可以说，对分课堂起源于高等教育，也兴盛于基础教育。

➤ PAD Class

对分课堂的教学流程也在广大教师的实践中得到不断完善和发展。对分课堂把教学分为三个过程，分别为讲授（Presentation）、内化吸收（Assimilation）和讨论（Discussion），也可简称为 PAD 课堂(PAD class)。如图 1-1：

对分课堂（PAD Class）

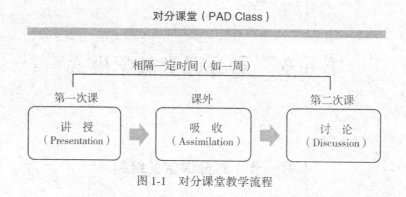

图 1-1　对分课堂教学流程

从图 1-1 可知，第一次课和第二次课之间相隔一周的时间，这一周时间里学生进行独学，内化吸收在讲授阶段老师所讲的内容框架、重难点等，到第二次上课的时候学生分组讨论，先是组内讨论，最后各小组提炼出一个自己不能解决的问题，可进行组间讨论，最后老师进行全班答疑解惑，如图 1-2 所示。

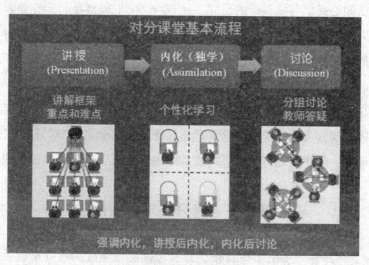

图 1-2　对分课堂的教学流程细化

对分课堂的核心理念是把一半课堂时间分配给教师进行讲授，另一半课堂时间分配给学生以讨论的形式进行交互式学习。具体的时间分配根据教学情况灵活把握，可以是五五分割，也可以是四六分割，甚或是三七分割。与传统课堂相似，对分课堂强调先教后学，教师讲授在先，学生学习在后。与讨论式课堂相似，对分课堂强调生生、师生互动，鼓励自主性学习。

对分课堂的关键创新点在于把讲授和讨论的时间错开，让学生在课后有时间自主安排学习，进行个性化的内化和吸收。将内化和吸收过程安排在课后，本堂课讨论上堂课的内容，这是对分教学最核心的特点，称为"隔堂对分"。但有时候所有学习都必须在课堂上来完成时，可以实施"当堂对分"。课堂教学不管是那一种对分，讲授和讨论之间都必须有一定的时间间隔，供学生自主学习，内化吸收。对分课堂的出发点就是将"即时讨论"改为"延时讨论"，让学生经过独立思考和独立学习，再展开讨论，从而有效地提升了讨论质量，保证了教学效果。与国外提出的翻转课堂、慕课等模式不同，对分课堂具有自己独到的优势。它注重教学流程的改革，突出因材施教和激发学生的内生动力，无需大量投入，是一种经济、实用的课程改革，值得尝试。

➤ PADD Class

随着实践的不断扩大，有研究者认为对分课堂教学流程的第三步"讨论"可以进一步细化为"讨论+对话"。原本的"讨论"是小组共同讨论，解决低层次问题，凝练高层次问题。小组解决不了的问题由老师来统一进行答疑解惑。细化后的讨论就是纯粹的组内讨论或者组间讨论，课堂完全有学生来把控。"对话"可以是师生对话，由老师答疑，解决各小组凝练出的解决不了的高层次问题；也可以是生生对话，有的问题小组之间也可以解决。具体流程见图1-3。

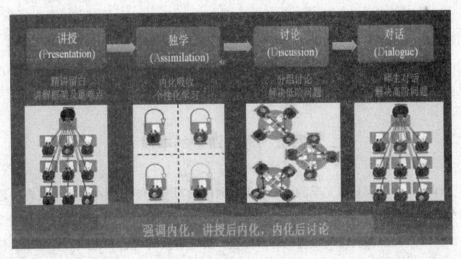

图1-3 对分课堂的教学流程

从图1-1到图1-2，再到图1-3，可以看出这8年时间，研究者们对"对分课堂"教学流程的不断发展和完善。北京师范大学林崇德教授认为，这是课堂教学的一项创新工程。著名学者田慧生教授说，对分教学为推进课堂教学改革开辟了新的路径。

第三节　对分课堂的继承与创新

对分课堂继承了讲授法的两个特殊优点，即通俗化和直接性，从而排除学生对知识的神秘感和为难情绪，使学习真正成为可能和轻松的事情，同时也有利于充分发挥教师自身的主导作用，消除了它的局限性：学生知识与能力的脱节。对分课堂吸收了讨论式课堂的优点，强调生生、师生互动，鼓励自主性学习，但讨论式课堂一般都是教师布置完任务，学生立即开始有限时间内的讨论，因为学生在知识基础、性格、认知等方面的个体差异，这势必导致对相当一部分同学来说都是无效讨论，看起来很热闹，实则教学效果收效甚微。

对分课堂的关键创新在于把讲授和讨论的时间错开，让学生在课后有时间自主安排学习，进行个性化的内化吸收。对分课堂提出了学习的"唯能力论"，把知识、认知能力、技能、态度、情感、价值观等广泛的学习内容统一到了一个普适性的能力范畴之下。在此基础上，修改了布鲁姆的经典理论，提出了新的"四层次教育目标分类学"，用复制、理解、运用和创造来刻画所有能力类型的发展过程。对分课堂的精髓之处是融合数百年教育智慧、蕴含巨大创造的一个新生事物。对分课堂在全世界突破了大工业时代对应的传统教育范式，为迫切呼唤个性化学习和全面发展的后工业化时代提供了一种新的教育范式。

习近平主席在哲学社会科学工作座谈会时说，"当代中国正在进行着人类历史上最为宏大而独特的实践创新……这是一个需要理论而且一定能够产生理论的时代，这是一个需要思想而且一定能够产生思想的时代。"对分课堂是中国教育的新智慧，是基于中国本土但却惠及全球的一种教学理论和实践的双重创新。

第四节　对分课堂的本质

对分课堂，不仅仅是教与学的对分，课堂时间的对分，更重要的是师生权责对分。

对分课堂中师生共同拥有教学活动的掌控权。这种权责对分理念渗透在对分教学流程的每一个阶段。在讲授阶段，教师拥有掌控权，决定讲授的内容和方式。在独学阶段，学生拥有掌控权，围绕任务，根据需要以自己的方式学习。在讨论阶段，学生拥有掌控权，决定小组如何进行交流。在师生对话阶段，教师答疑解惑，各小组自由提问。整个教学流程是由教师和学生共同掌控。

对分课堂中教师更多是负责共性化的内容，而学生更多是负责个性化的发展。一方面，教师通过对核心内容的选择和对教学流程的部分掌控，确保学生在基本框架内完成对文化的传承，避免学生做出不理智的判断和选择。另一方面，学生也拥有对教学内容、教学过程和学习过程的一定控制权，有机会来培养独立思考和判断能力，有机会做出更符合自己个性的选择。学生在教师讲授基本内容的基础上，去拓展自己感兴趣或需要的内容。教师只是设定每一个学生必须达到的基本目标，给学生更多的时间和空间进行探索，形成更为具体而丰富的个人目标。对学生而言，有自由才有权力，有权力才能主动，有主动才能提高学习力，才能有创新思维、创造性行为。这种走向自我驱动、自我激励的教育就在于课堂教学的权责对分。

第二章　深度学习

第一节　研究现状

"深度学习"是21世纪学校变革的风向标，也是我国教育部"新课程改革"以来一直倡导的教学指导方针(钟启泉，2022)。深度学习引发的科技革命在许多领域产生了变化和跨越式发展，它在教育教学领域的研究日益突出。深度学习能力是衡量学习者"学会学习"和"有效学习"的关键因素，也是开放教育时代需要解决的关键问题。

深度学习的概念源于近30多年来计算机科学和人工神经网络的研究。美国学者马顿和萨尔约于1976年首次提出了教育领域深度学习的概念。现有文献分别从四个维度进行了阐述，认为深度学习是一种学习方式(F. Marton & R. Saljo，1976；Biggs，1979)、一种学习过程(Jennifer Fredrick，2015；康淑敏，2016)、一种学习结果(何玲、黎加厚，2005)和学习目标(段金菊，2013)。深度外语学习法是美国学者 Franois Victor Tochon 于2014年首次提出，它超越传统外语教学注重语言知识的表层学习，着重培养学习者的智慧、实现和平的世界情怀与勇气、促进并加强语言学习者与他者进行跨文化对话。我国学者刘会英(2016)认为深度外语学习法是指教师通过教学协议和问责制的方式，由学生自主决定、利用多种资源和语言互动，完成教育项目的一种深层知识处理的外语学习方法。它是对基于结果、任务和标准的课程设计的批判与超越，揭示出一种开放的、复杂的和动态的真实课堂的学习环境。外语教育既是通识教育也是深度教育(龙翔，2019)。它是对基于结果、任务和标准的课程设计的批判与超越，揭示出一种开放的、复杂的和动态的真实课堂的学习环境。从上述两个概念的梳理可略知其发展历程。对此共时研究，国外深度学习，研究主题主要集中在深度学习方式、策略和评价等三个方面；概念框架得到较多认可的主要是Biggs、Marton、Saljo 等学者提出的概念框架；研究情境的丰富案例主要在教育学、心理学等学科；研究方法主要是问卷、访谈、测验等数据搜集方法，数据分析以量化为主、质性为辅；研究结果的有效性和先进性得到了实证研究的充分支持。国外深度学习的研究大多是在实践的基础上进行，从概念内涵和框架、研究方法等方面已经取得了一定的进展。国内对于深度学习的研究起步较晚，主要集中在对深度学习的概念、特征、国外相关研究综述等方面的引介。上海师范大学黎加厚研究团队认为，深度学习是指学习者能够批判性地学习新的思想，将它们融入到原有的认知结构中，并能够将已有的知识迁移到新的情境中。这一界定得到了国内学者的广泛认可。其他的研究认为深度学习的认知目标层次较高、强调学习过程中的反思与元认知。教师需要设计有意义的、面向问题解决的学习任务以支持深度学习的发生。国内外学者聚焦深度外语学习，做了大量的的相关研究工作，取得了一定的的研究成果。但对国际深度外语学习的演化路径及发展趋势研究鲜有涉及，基于科学知识图谱分析的深度外语学习研究，目力所及很少。

本研究采用科学知识图谱的可视化分析，探索国际深度学习研究的时空分布、研究热点和演化路径，以及发展趋势。本研究不仅有助于探索深度学习在理论方面和外语学科领域的内容，同时也希望对我国深度外语教育领域的发展有一定的启示。

第二节　研究方法及数据来源

一、研究方法

本书运用文献计量分析方法，采用 CiteSpace 和 Vosviewer 软件，探究国际外语深度学习的演化路径、研究热点及发展趋势。Vosviewer 和 Citespace 分别是由美国德雷赛尔大学陈超美教授（陈悦，2015）和荷兰莱顿大学科技研究中心（The Centre for Science and Technology Studies，CWTS）开发的文献计量可视化工具（Eck NJ，Waltman L，2010）。这两种软件的分析结果各有利弊。Citespace 的时线图展示了科学研究的全景及演化进程，突变检测用于发现科学研究的前沿；Vosviewer 分析结果更接近于 WOS 数据（宋秀娟，迟培娟，2016），以颜色冷暖表示各个 Cluster 的重要性高低，以密度视图表示科学研究的重点与热点等。因此，需要针对研究问题合理选择可视化软件。本研究结合上述两种软件的优势，用 CiteSpace 软件对深度学习研究的演化路径和发展趋势进行分析，而用 Vosviewer 软件分析深度学习研究的重点和热点，同时也分析其发文国家和学术合作研究的分布情况。

二、数据来源

任何知识图谱绘制的科学性都根源于数据基础，即如何精准全面地检索到所要研究主题的全部文献是关键问题（徐晓林，2010）。本研究数据来源为世界上有影响的学术文献文摘索引数据库 Web of Science 核心合集中的社会科学引文索引 Social Science Citation Index（SSCI），检索时间为 2022 年 7 月 28 日。根据研究问题，以 deep learning 和 English 为主题检索，时间跨度不限制，在精炼检索结果时，文献类型选择"论文"，所得397条；为获取饱满文献，以 deep learning 和 foreign language 为主题，进行二次检索，检索条件在时间和文献类型上同第一次检，所得93条。将两次共获取的490条文献，以选择"纯文本格式"导出，以"全记录与引用的参考文献"作为记录内容，导出检索结果。为确保数据的准确性，用 Citespace 软件特别对检索结果进行了去重和数据清洗，并手动筛选，共得到有效文献435条。

第三节　文献统计与分析

一、时空分布特点

1. 时间分布特点

文献发文量的变化能够反映一个领域的发展状况及未来的研究趋势。图 2-1 显示了国际深度学习研究近30年的发文情况，总体上呈稳定增长趋势。1993年发文量只有2篇，为深度学习研究的起步阶段，一直到2007年，发展都比较缓慢，1998年和2001年只有一篇发文，这可能与该时间段内的研究方法局限、高质量相关文献不足等有关。随着研究方法和内容的丰富，2008—2015年发文量虽有增长，但比较缓慢，2016年到2021年期间的年发文量陡增，去年已达67篇，为该领域的快速发展期，预测2022年全年发文量仍旧会高于60篇(发文量预计会进一步增长)。这表明，国际教育研究领域对深度学习研究的关注程度与日俱增，已成为研究热点。

2. 空间分布分析

运用 Vosviewer 软件对该领域文献的发表所在国家(地区)进行分析。因为在 Citespace 中，受发文机构名称的大小写、全称和缩写及阈值的选定等主要因素的影响，分析结果均跟 WOS 数据不一致(宋秀芳，迟培娟，2016)。

从国家(地区)分布看(表2-1)，目前美国在深度学习研究领域的高水平研究成果最为丰富，发文量约占28.5%，中国、英国、西班牙、澳大利亚紧随其后，五国的发文总量为71.26%，远超过总和的半数。从连接数和被引次频次来看，西班牙和德国表现最为突出，占据了国际研究的核心地位，分别与17个和15个国家开展过合作研究，研究成果被引频次也分列第二和第三；美国、英国、澳大利亚和意大利的连接数均为13，并列紧随其后，但美国研究成果被引频次最高。这说明美国、英国、西班牙和德国在深度学习研究方面不

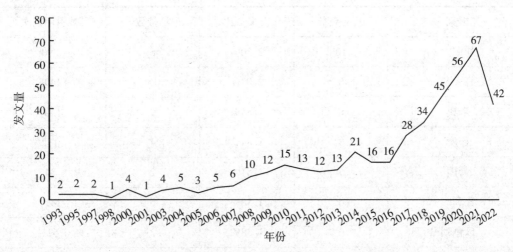

图 2-1　国际深度外语学习研究刊文数量的时序分布

仅高水平成果数量多、影响力大，同时注重国际合作。此外，从图 2-2 可以看出，图谱连接线节点之间连线密集复杂，说明了不同国家之间存在较多的合作关系。目前在深度学习研究领域形成了六大国际学术圈，即以美国为中心的学术圈、以中国为中心的学术圈、以英国为中心的学术圈、以澳大利亚为中心的学术圈、以西班牙为中心的学术圈，以及以德国为中心的学术圈。值得关注的是，中国在发文量方面位居第二位，但成果被引频次和国际交流还需要加强。

表 2-1　　　1993—2021 年深度外语学习研究发文量前 20 的国家 (地区) 分布

国家	发文数量	发文占比	连接数	被引用频次
美国	122	28.05%	13	2352
中国	66	15.17%	8	827
英国	54	12.41%	13	1180
西班牙	34	7.82%	17	1750
澳大利亚	32	7.36%	13	765
日本	17	3.91%	6	124
土耳其	16	3.68%	2	67
德国	14	3.22%	15	1554

续表

国家	发文数量	发文占比	连接数	被引用频次
加拿大	10	2.30%	6	390
意大利	9	2.07%	13	1495
瑞典	8	1.84%	9	1407
印度	8	1.84%	4	132
韩国	7	1.61%	2	34
比利时	6	1.38%	6	1417
以色列	6	1.38%	2	621
新加坡	6	1.38%	3	483
越南	6	1.38%	4	64
芬兰	5	1.15%	9	1396
瑞士	5	1.15%	7	110

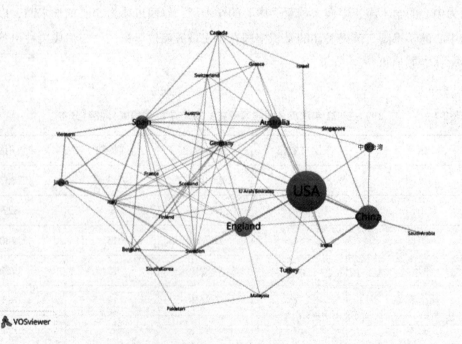

图 2-2　国际深度外语学习研究国家分布科学知识图谱（Vosviewer）

二、研究热点分析

1. 研究热点分析

关键词能表达论文主体的内容特征，具有实质意义(杨维平，2013)。对某领域的关键词进行研究，可快速把握该领域的研究热点(马超，2021)。本研究利用 Vosviewer 软件对关键词共现进行可视化，利用 Citespace 软件对研究的时间维度进行可视化。图谱中圆圈的大小表示关键词共现频次，圆圈越大说明该关键词共现次数越多。节点之间的连线均表示该关键词的连接强度，线条越粗则说明两个关键词之间的关系越强。而连接强度越高，则代表该关键词中心性越高，即在共现网络中影响力越大。此外在 Vosviewer 图谱中，不同的颜色表示不同的聚类，相同的颜色表示为同一聚类。

为了更好地呈现出外语深度学习研究领域的热点，本研究运用 Vosviewer 软件，以最小关键词设置为 8，连接线强度(size strength)设为 2，绘制了外语深度学习研究领域的关键词共现科学知识图谱(见图 2-3)。根据图谱可以看出，除去检索主题词，"students/learners"、"model"、"acquisition"以及"natural language processing"出现的频次较高，说明国外深度外语学习领域研究十分注重以学者为中心、深度学习模型与语言自然习得的过程。此外对深度外语学习中的学习动机、身份、参与、策略等方面也有一定的研究。表 2-2 是根据关键词共现图谱中节点的颜色，将其热点归纳为四大主题。

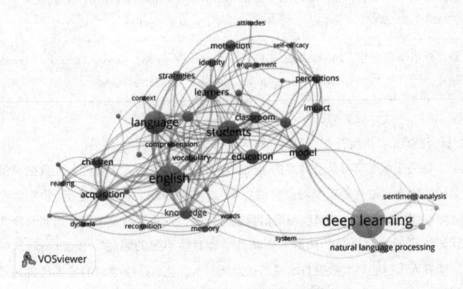

图 2-3 国际深度学习研究发文关键词共现图谱(Vosviewer)

（1）研究热点 1：深度外语学习影响因素研究。

本研究探索出的第一个研究热点是深度外语学习影响因素研究，这一聚类包含的关键词有"attitudes"，"classroom"，"engagement"，"identity"，"model"，"motivation"，"pedagogy"以及"self-efficacy"等。该聚类主要从学生的"学"和教师的"教"两方面探讨深度外语学习的影响因素。学生个体因素主要包括认知的情境、自我调节、学习动机、学习投入及学习方法等方面，其深度学习状态是以多维的方式呈现，包括上述的认知、行为和情感维度的分支与网状结构多步骤构建的深层次学习状态。只有在充分的广度、深度和联度基础上发生的学习，才是"深度"的学习（王天平等，2021）。教师的教学观念、教学方式、教学评价及师生关系等是影响学生深度学习最为关键的要素。

表 2-2   国际外语深度学习研究关键词归纳表

聚类	研究主题	包含的主要关键词
1	深度外语学习影响因素研究	attitudes, classroom, education, engagement, identity, impact, learners, model, motivation, pedagogy, perceptions, performance, self-efficacy, students, teachers
2	深度外语学习信息技术介入研究过	classification, deep learning machine, learning, natural language processing, sentiment analysis, system
3	深度外语学习中的英语阅读障碍研究	acquisition, children, developmental dyslex, dyslexia, English as a foreign language, literacy, reading, word recognition
4	深度外语学习过程研究	2nd-language, bilingualism, comprehension, context, instruction, knowledge, memory, recognition, strategies, vocabulary words

（2）研究热点 2：深度外语学习信息技术介入研究。

聚类 2 是关于深度学习信息技术的研究。学者们探究基于人工智能、大数据及学习分析技术如何实现个性化自适应学习。自适应学习（Adaptive Learning）是指"收集学生在使用系统学习过程中的信息，并对收集的信息进行分析，然后为学生个性化定制符合其学习能力和认知水平的用户模型，从而解决教育中针对性不强的难题"（Brusilovsky，1996）。近年来，随着人工智能、大数据技术的迅猛发展，个性化自适应学习的发展已进入了快车道。为了促进信息数字化学习方式的发展，根据布鲁姆认知目标分类中的层次目标，美国教育专家 MichaelFisher 提出逐级目标的 25 个信息化工具集合，称为"数字布鲁姆"，如识记层次上的 YouTube、理解层次上的 TED、应用层次上的 voki、分析层次上的 Google Docs、评价层次上的 Moodle 以及创造层次上的 Wikis-paces 等有效工具与平台(陈丹,2011),这标志着信息技术环境下的教学成为教育界的研究热点。美国教育考试服务中心研究员 Blair Lehman 认为,学习过程离不开教育学和心理学的支撑,如以情感为中介,实现学习系统的更新。有学者探究人机交互原理,从人机交互角度,学生沉浸在持续学习中,达到有效学习、深度学习状态,也称"人机认知耦合态"。认知耦合态是学生认知结构、个性、能力和教师设计的学习内容、情境、轨道匹配的状态,是学生和机器相互依赖,形成高效学习体(陈凤燕,2014)。

(3)研究热点 3:深度英语学习中的阅读障碍研究。

聚类 3 主要关注的是深度外语学习中的英语阅读障碍研究。阅读障碍这一概念,追溯到 19 世纪初的英国,最早出现在医学领域。20 世纪 70 年代,阅读障碍在西方国家日益受到重视。阅读障碍(dyslexia or reading disability)分为获得性阅读障碍和发展性阅读障碍,前者是指由于先天疾病或后天脑损伤等引起的阅读困难;后者是指个体在一般智力、动机、生活环境和教育条件等方面与其他个体没有显著差异,也没有明显的视力、听力、神经系统障碍,但其阅读成绩明显低于同龄儿童应有的水平,处于阅读困难的状态中。发展性阅读障碍比获得性阅读障碍更容易去人为干预,发展性阅读障碍群体更容易获得较好的阅读需求,相应地关于发展性阅读障碍的文件较为健全(刘凯,2019)。实现深度学习,必须让学习真实地发生,而学习发生的前提是必须充分关注学生的需求和实际的困难(龚春燕,2017)。怎么读是读者面临的最大阅读障碍,"读书破万卷"不仅仅在"万",更重要的是在"破"。对于阅读障碍的诊断评估,多伦多大学应用心理学和人类发展系 Eunice Eunhee Jang 教授通过语言和认知测量工具诊断学生的现有水平,随后测量自然语言处理功能(涉及词汇、语义及句法等特征)。为使自然语言处理特征能正确分类,实证分析了两千名学生的口语及读写数据,结果显示,随机森林分类器具有最佳分类准确率,而自然语言处理语言特征优于声学特征,然而如果太精细会降低干预潜力(刘凯,2019)。将方法策略及相关资料在内的助读材料引入阅读教学,可以有效帮助学生扫除阅读障碍、克服阅读肤浅和误读。学生就可以借助支架性材料主动探究、自我建构,从而获得阅读体验、完成深度学习,进而提升自能读书所需的阅读能力水平。提升阅读质量和能力、培养阅读习惯和素养的教学形态。

(4)研究热点 4:深度外语学习过程研究。

根据聚类 4 的关键词可知,对于二语或双语的词汇或文本学习策略,相较于表层学习的记忆和学习范围最小化(即只学习老师规定的内容),采用深度学习策略,表现在对知识的关联和对作者意图的理解。研究结果表明,需要对学生进行深度学习策略的培训,同时也需要对教师进行深度教学策略的培训及如何调动学生内部学习动机，以很好地促进学生进行深度学。美国专家 Eric Jensen 和 LeAnn Nickelsen 提出了深度学习过程理论最具代表性的结论是图 2-4 的深度学习路线（Deeper Learning Cycle，DELC），阐述了教师在课堂上如何引导和激发学生进行深度学习（E. Jensen，L. Nickelsen，2010）。

图 2-4　深度学习路线（DELC）

2. 研究热点演进分析

Citespace 中的关键词变迁时间线图谱，可以从时间维度上展示深度学习研究的热点分布、演进以及发展趋势，从而把握该研究的发展前沿。关键词演进图谱按时间顺序从左向右排列，对节点重要性的判断要结合使用频次和节点中心性进行。通过 CiteSpace 软件对所选文献的关键词进行研究热点的演进分析，设置时间参数为 1993—2022，设置 Year per slice = 1，Top N = 50，设置节点类型（Node type）= Keyword，keywords 聚类演化运行结果见图 2-5 所示。所得图谱共产生 137 个节点，236 条连线，此时，Q = 0.728，说明聚类结构显著（>0.3）；S = 0.74，说明聚类谁令人信服的（>0.7）。

由图 2-5 可以看出，SSCI 数据库中深度外语学习的研究最早可以追溯到 1993 年。在 2000 年之前，学者主要研究了深度英语学习的策略；2001—2010 年，学者重点研究了以学生为中心的深度外语学习模型；2011—2016 年，学者主要研究了深度外语学习的教育理念、学习动机、课堂参与、身份等；2017—2022 年，深度学习、分类、情感、学习经历等是主要研究的关键词。该时间轴上关键词的凸显经历了由少到多跨度阶段，表明相关科研文献的发展经历了起伏变化大的阶段，因此国际研究者们对于外语深度学习研究过程经历了一定起伏。图谱右侧为关键词聚类标签，在演进过程中分别为 language learning，learning approaches，self-efficacy，deep learning，vocabulary learning，social presence，science，pre-teacher education，second language vocabulary acquisition 共九个聚类。

由 SSCI 数据库中的文献数据对排名前 20 的关键词进行汇总，如表 2-3 所示。其中心度可从侧面表现出其热度大小，反映出某个关键词在整个关键词共现网络中的重要性，也显示出了在一定时期内关于该领域的研究热点和主题。图谱中有的节点边缘出现紫色表示

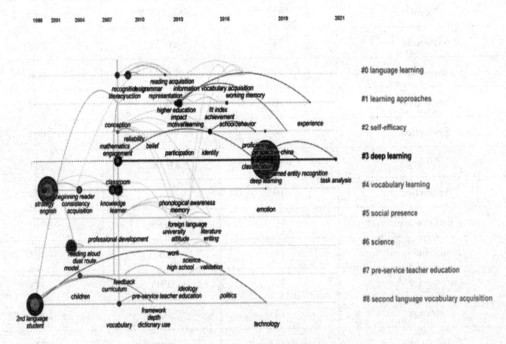

图 2-5　国际深度学习研究发文时间线图分析视图(Citespace)

中心性≥0.1，象征了该节点在网络结构中处于重要地位，其中 deep learning，English，learner 等中心性均大于 0.1，表明了这些词在深度外语学习中处于相对核心的地带，相关的研究影响力较大。

表 2-3　　　　1993—2022 年国际外语深度学习出现频次排名前 20 的关键词分布

关键词	频次	中心性(度)	年份
deep learning	52	0.11	2018
English	47	0.21	2000
student	39	0.13	1998
language	39	0.09	2005
model	33	0.05	2003
education	25	0.06	2008
learner	24	0.45	2008

续表

关键词	频次	中心性(度)	年份
classroom	22	0.39	2008
knowledge	21	0.24	2008
acquisition	20	0.06	2004
perception	19	0.06	2003
children	19	0.06	2004
instruction	19	0.07	2009
performance	19	0.03	2010
motivation	18	0	2013
impact	17	0.03	2013
strategy	14	0	2000
vocabulary	13	0.05	2008
literacy	13	0.1	2008
identity	13	0.1	2015

注：这些不同的研究热点共同促进了国际外语深度学习领域研究的步伐，进而对国际外语深度学习领域的发展起到了优化提升的作用。

三、国际演化趋势及前沿分析

时间研究可以探索一个领域的研究前沿。2002 年 Kleinberg 提出了 Burst Detection（突变）算法。关键词激增指数可以总结出频次变化比较高的关键词，从而得到国际外语深度学习发展这一研究领域的前沿内容。将数据导入软件 CiteSpace，时间选择从 1993 年开始到 2022 年为止，各时间段保留前 50 个研究机构（TopN＝50），在软件中对该图进行关键词激增的分析，进而绘制出国际外语深度学习研究相关的排名前 20 的激增关键词（见图 2-6）。图谱中 Begin 和 End 分别是关键词开始突变和结束的时间，中间的时间差值是关键词突变的持续时间，Strength 表示突变强度。

从图 2-6 中可以看出，关键词 second language 是突变持续时间最长的词（15 年），其次是 English 和 Children，均为 7 年。突变强度最大的词是 deep learning（12.751）。突变持续时间到 2022 年的词有 sentment analysis，neural network，deep learning，natural language processing，说明情感分析、神经网络、深度学习、自然语言处理是国际深度外语学习研究前言。

Top 20 Keywords with the Strongest Citation Bursts

Keywords	Year	Strength	Begin	End	1993-2022
2nd language	1993	2.6018	1998	2013	
english	1993	4.1736	2000	2007	
word recognition	1993	3.2801	2003	2007	
perception	1993	2.0324	2003	2007	
acquisition	1993	2.0949	2004	2007	
children	1993	2.2225	2004	2011	
knowledge	1993	2.021	2008	2011	
professional development	1993	2.3625	2008	2010	
bilingualism	1993	2.5709	2008	2012	
learning approach	1993	2.1404	2010	2013	
memory	1993	1.9848	2013	2015	
context	1993	1.9203	2013	2017	
highter education	1993	2.0747	2013	2019	
engagement	1993	3.0984	2015	2017	
strategy	1993	1.8849	2018	2020	
sentiment analysis	1993	2.5669	2018	2022	
language	1993	2.5916	2018	2019	
neural network	1993	3.1088	2019	2022	
deep learning	1993	12.751	2019	2022	
natural language processing	1993	3.3724	2019	2022	

图 2-6　国际深度学习研究突变检测分析视图（Citespace）

第四节　结论与展望

一、结论

为了探索国际深度学习在外语学科领域的研究现状，同时也希望对我国深度外语教育领域的发展带来启示，本书借助 CiteSpace 和 Vosviewer 软件，从国际深度外语学习的时空分布、研究热点、演化路径及发展趋势等方面，对 Web of Science 核心集中 SSCI 收录的 435 篇外语深度学习研究文献进行了科学知识图谱分析。研究发现：

第一，从时空分布看，国际学者对深度外语学习研究的关注程度与日俱增，国家之间学术交流及合作较多。2007 年以前发展比较缓慢，2008—2015 年发文量稍有增加，2016 年到 2021 年发文量陡增，预测 2022 年全年发文量持续。目前在该领域形成了以美国、中国、英国、澳大利亚、西班牙及德国为中心的六大国际学术圈。

第二，从研究热点及演化路径分析来看，深度外语学习的影响因素、学习过程、学习障碍及策略已成为研究热点。SSCI 数据库中深度外语学习的研究，从最早的 1993 年至今，经过了 1993—2000 年(聚焦深度英语学习策略研究)、2001—2010 年(关注以学生为中心的深度外语学习模型)、2011—2016 年(主要研究深度外语学习的教育理念、学习动机、课堂参与、身份等)和 2017—2022 年(聚焦深度学习、分类、情感、学习体验)等四个阶段的演化路径。

第三，从国际演化趋势及前沿分析来看，情感分析、神经网络、深度学习、自然语言处理是国际深度外语学习研究前言。

二、展望

1. 推动深度外语教育研究"走出去"，提升中国学术话语体系影响力

我国在发文量方面位居国际第二位，是国际六大深度外语学习核心学术圈之一，但成果被引频次和国际间的学术交流却是六大国际核心圈中最少的，可见，需要加强深度学习学术交流与合作。学术期刊和学术检索系统是当今学术研究成果发表和传播的平台，也是构成学术话语权的主要媒介载体(全国高校社科组，2016)。建议推荐国内优秀期刊参与国际公认数据库的评选与竞争，并建设具有权威性、前沿性的国际合作与学术交流渠道，以促成我国深度外语教育的高质量国际化研究成效，提升中国学术话语国际影响力。

2. 紧跟国际深度外语学习研究前沿，贡献相关领域的中国实证研究(成果)

从关键词热点聚类及突变词检测的前沿分析可知，国外深度外语学习在阅读障碍研究及自然语言处理过程研究方面已取得不少研究成果。20 世纪 80 年代之前，阅读障碍研究在我国并未得到有效关注，直到 1982 年，Stevenson 等人对美国、日本和中国台湾地区的五年级学生进行阅读测验，其研究结论打破了阅读障碍仅存在于表音文字的认知，我国学者认识到阅读障碍也存在于表意文字的汉语阅读中，并且所占比例稍高。因此，才开始探究阅读障碍，近年来已取得一定的研究成果。大数据自适应学习系统、自然语言处理及人机耦合状态等方面研究，利用人工智能、机器学习等信息技术，多学科深度融合，均可以促进深度外语学习的发生。我国学者在这些方面已有关注，也取得了些许研究成果，但还是要紧跟当前深度外语学习研究前沿，提供我国的实证研究成果和智能研究方案。

3. 引领中国方案的国际深度外语学习研究，丰富国际深度外语教育研究

"信息技术和课堂教学深度融合"是我国面 21 世纪在教育方面进行改革的重点。《基础

教育课程改革纲要(试行)》和"新时代高教 40 条"等文件,明确提出"推进信息技术与学科课程的整合,逐步实现教学内容的呈现方式、学生的学习方式.教师的教学方式和师生互动方式的变革"。可见,现代信息技术的运用已经深入现代教育的各个领域。现代信息技术中交互式电子白板的聚光灯功能可以很好地检测学生对于一些生词的直观掌握程度,云平台在减轻了教师工作量的同时还及时给学生以反馈等。信息技术与课堂教学的深度融合,更好地促进学生的深度学习。

基于中国本土的对分课堂教学模式(张学新,2016),其"讲授-内化-讨论-对话"的四元教学流程,不管是在线上,还是在线上线下的混合式教学流程中,均可以用对分易、超星等网络教学平台或者腾讯会议、微信和 QQ 等网上交流工具进行深入而广泛的交流,以实现深度学习。"数字布鲁姆"中国版(陈丹,2011)也可为国内学习者提供技术支持和信息化工具,有助于深度学习目标的达成。

参考文献

[1] Bhattacherjee, A. Understanding information systemscontinuance:An expectation-Confirmation model[J]. MIS Quarterly, 2001, 25(3):351-37.

[2] Brusilovsky, P. Methods and techniques of adaptive hypermedia [J]. User modeling and user-adapted interaction, 1996. (2- -3):87-129.

[3] Biggs, J. B., Collis, K. F. Evaluating the Quality of Learning [M]. New York:Academic Press, 1982.

[4] Eck NJ, Waltman L. Software survey:VOSviewer, a comput-er program for bibliometric mapping[J]. Scientometrics2010, 84(2):523-538.

[5] Jensen E, NickelsenL. A, 著, 温暖, 译. 深度学习的 7 种有力策略[M]. 上海:华东师范大学出版社, 2010:11-12.

[6] Marton. F, Saljo. R, Marton F. On Qualitative Differences in Learning [J]. British Journal of Educational Psychology. 1976, 46(1):4-11.

[7] TOCHON F V. Help Them Learn a Language Deeply [M]. Mounds:Deep University Press. 2014. 9.

[8] 陈丹, 祝智庭. "数字布鲁姆"中国版的建构. 中国电化教育. 2011(1).

[9] 陈风燕、朱旭、程仁贵、孟世敏:《基于认知绸合态的翻转课堂人机交互设计》,《远程教育杂志》,2014(4).

[10] 陈悦、陈超美、刘则渊等, CiteSpace 知识图谱的方法论功能[J]. 科学研究, 2015 (2):242-251.

［11］龚燕春，王唐平著．助读系统重构［M］．徐州：中国矿业大学出版社．2017：61.

［12］何玲，黎加厚．促进学生深度学习［J］．现代教学，2005(5)：29-30.

［13］刘会英．深层外语学习法述介：课程论的视角［J］．广东外语外贸大学学报，2016，7(02)：138-144.

［14］刘凯，王韶，隆舟，王涛．"智适应"理论与实践——第三届人工智能和自适应教育国际大会综述．开放教育研究．2019，25(5).

［15］龙翔，鞠方安．外语深度教育理论与实践研究 ［J］．外语电化教学，2020(02)：93-96.

［16］马超，陈亚丽．基于 Citespace 和 Vosviewer 的国内外网络治理研究的可视化分析［J］．西南民族大学学报(人文社会科学版)．2021(8).

［17］全国高校社会科学科研管理研究会组编．哲学社会科学学术话语体系建设［M］．武汉：武汉大学出版社．2016：89

［18］斯坦尼斯拉斯·迪昂(Stanislas Dehaene)著；周加仙等译．脑与阅读［M］．2018：223-224.

［19］宋秀芳，迟培娟．Vosviewe 与 Citespace 应用比较研究［J］．情报科学，2016，34(07)：108-112+146. DOI：10. 13833/j. cnki. is. 2016. 07. 021.

［20］王天平，杨玥莹，张娇，陈泽坤，赵相苑．教师视野中的学生深度学习三维状态表征体系构建［J］．现代远程教育研究，2021，33(5).

［21］徐晓林，杨兰蓉．移动政务［M］．北京：科学出版社，2010：125.

［22］杨维平，丁敏主编．科学研究方法与实践［M］．西安：陕西师范大学出版总社有限公司，2013：195.

［23］钟启泉．深度学习［J］．全球教育展望，2022，51(01)：129.

［24］张学新．对分课堂：中国教育的新智慧［M］．北京：科学出版社，2016：139-140.

第三章 对分课堂促进深度学习

第一节 对分课堂教学目标与深度学习

教育目标分类强调指导教学过程和对结果进行评价。传统的教育理论中，影响最为广泛的是布鲁姆等首次提出的教育目标分类，包括识记、领会、运用、分析、综合与评价等六个目标层级。布鲁姆的认知目标分类与深度学习的关系如表 3-1 所示。

表 3-1　　　　　　　　　　布卢姆的认知目标分类与深度学习的关系表

目标层级		定义	行为特征
浅层学习	识记	对原来学习过的知识材料记忆	概括事实、方式、方法、理论等的记忆，如记忆名词、基本概念、规定等
	领会	掌握知识材料意义的能力	转换、诠释、推测
深度学习	运用	已有的知识应用到新的情境，解决现实中存在问题的能力	以知道和领会为基础，是较高水平的理解
	分析	将整体知识碎片化，了解个体之间的联系	个体的鉴别、个体关系的分析和了解其中的组织结构，如通过作者的观点与想法找到因果关系的不同
	综合	将所学的知识进行重组，构成新的知识整体	创造能力，形成新的形式或结构的能力
	评价	对资料(如文章、意见、调研报告等)进行价值辨别	内部标准(如组织结构)和外部标准(如学术观点)

另外一种影响较大的是美国心理学家加涅提出的五类学习目标，即言语信息、智力技能、认知策略、动作技能和态度，作为教学心理学的奠基人，其思想涵盖了学习理论、教

学理论和教学设计。1998 年，美国学者霍恩斯坦提出教育目标包括认知、情感、动作技能和行为等 4 个领域，每个领域包括 5 个层次。其超越主要表现在以下几个方面：增强了平衡和可比较性、适当地减少了教育目标类别的数目、而且更具有应用性，更适合于指导课堂教学。

除上述之外，还有十几种不同的教育目标分类体系，这些都对教育教学产生了深远的影响。但是，这些教学目标的分类把知识和知识的运用过程混淆在一起了。教学的关键目标是，如何让学习者在特定的情境下稳定地产生特定的行为去解决问题，也就是如何实现能力培养。相比较刻画讲授知识的内容，教学目标应注重刻画知识运用的行为特点。唯能力教育理论认为，学习的唯一目的是培养能力，能力的范围超出了认知，包括情感、态度、价值判断和美德意志，所有类别能力的培养方式和认知能力的培养方式都是一致的。从唯能力理论的角度来构造分类体系，会更加符合心理学的基本原理，更为清晰、合理、有意义。

对分课堂基于唯能力理论，提出了一个新的教学目标分类理论，包括四个类别，即复制（模仿）、理解、运用、创造，可称为教学目标的四层次理论（RUAC）。具体来讲，复制（Reproduce）指把教师讲授、呈现和展示的学习内容按照原有的形式进行复述或模仿的能力，也称为模仿。理解（Understand）指对学习内容形成了一定的认知结构，能够把握所学习材料的意义。运用（Apply）指将学习到的内容和行为方式应用于新的情景，解决新的问题。创造（Create）是运用的高级阶段。当运用过程设计的迁移足够大，如果学习者能够展示类似或相关的行为解决问题，这种运用就达到了创造的水平。复制是理解的基础，记忆的内容是为理解与运用提供内容，创造是运用的高级阶段，四个目标中的核心是理解和运用两个层次。

对分课堂的教育目标分类告诉我们：学习的目的不是记忆或理解，而是为了两个层面的运用：一是在行为上表达、展示自己的理解，或是为了向教师表明自己的学习成果，或是为了教给别人；二是在实践中解决真实问题。四个目标的本质还是要回归人生的根本需求，那就是解决问题，做到"学以致用"。从图 3-1 的对分课堂 RUAC 目标层次可以看出其与深度学习行为特征的联系。

在图 3-1 的对分课堂 RUAC 目标四层次中，深度学习更多地对应"理解、运用、创造"这三个层次，是在记忆和理解的基础上更注重运用和创造能力的获得，这种高阶思维能力是深度学习的核心特征。

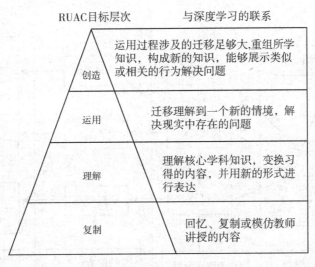

图 3-1　RUAC 目标层次与深度学习的联系

第二节　对分课堂教学流程与深度学习

从 NRC 深度学习能力的三个维度到休利特基金会深度学习能力的六个维度，PAD 教学流程均可以有效促使学生深度学习能力的提升。图 3-2 是基于 PAD 教学流程的 PAD 学习能力维度、NRC 深度学习能力维度和休利特基金会深度学习能力维度整合框架。

对分课堂把教学分为三个过程：

第一，讲授。如图 1 所示，除了第一周外，每周课堂的前一半时间均用于讨论上一周课堂上教师讲授的内容。除了最后一周外，每周课堂的后一半时间都是用于讲授新内容。这样，除了第一周和最后一周外，其余每周的课堂都是先讨论后讲授，先温故后知新。

第二，内化吸收。在讲授和讨论两个环节之间，学生有一定的时间完成作业任务。根据个人的实际情况，在最适合的时间，用最适合的方式方法，深入理解，进行个性化的内化和吸收。这个阶段要求其独立完成，不能与同学或教师进行讨论和交流，更强调自我掌控的个体学习。

第三，讨论。在本环节中教师不做讲授，上课后立刻让学生分组，进行讨论。主要讨论上节课教师的讲授内容和学生在内化吸收阶段完成的学习任务。学生分享自己的收获和困惑，互相答疑和启发，记录下普遍性的问题。小组讨论后，教师组织全班交流，并对小组讨论中存在的共性问题和疑难问题进行解答，最后进行总结。

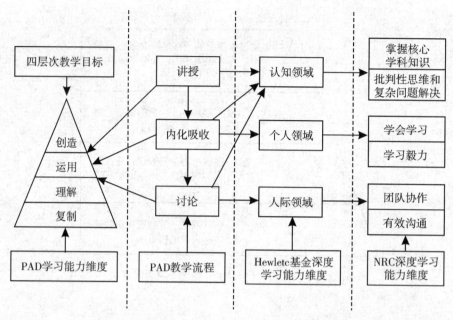

图 3-2　基于 PAD 教学流程的 PAD 学习能力维度和深度学习能力维度整合框架

上述三个过程表明了学生从知识到能力和素养的发展阶段：通过老师的教授和内化吸收过程，学生复制、理解所学知识；同时，学生运用所学知识，通过独立分析和思辨，来解决老师布置的相关任务；在讨论阶段，通过分享、质疑、探究，达到知识迁移，思维创新。从复制、理解、应用到创造，这是在同样一个能力维度上逐步提升的过程。

不难看出，PAD 教学流程的三个阶段及学习能力维度实质上有效促使学生实现了深度学习，这与 NRC 深度学习能力维度和休利特基金会深度学习能力维度是一致的。正如图 3 所示，在讲授和内化吸收阶段，学生掌握核心学科知识、进行批判性思维、解决复杂问题，完成认知要求，通过小组讨论，对认知也有一个提升；在内化吸收阶段，学生通过任务驱动和学习毅力，学会学习，实现个人学习能力提升；在讨论阶段，通过有效沟通、团队协作，提高人际交往能力。

对分课堂是基于中国本土的一种新型教学模式。其教学流程的讲授、内化吸收及讨论等三个阶段均体现出 RUAC 四层次教学目标的唯能力培养，这与 NRC 深度学习能力的三个维度及休利特基金会深度学习能力的六个维度是基本一致的，都是学生未来工作和生活必须具备的能力。深度学习研究的出发点和归宿是深度学习能力的培养。在以后的研究实践中，要基于中国的教育现状，创建走向深度学习的课堂教学情境，开展面向深度学习的有效教学实践，探索符合中国国情的深度学习策略与途径。

参考文献

［1］金慧，胡盈滢，宋蕾．技术促进教育创新——新媒体联盟《地平线报告》（2017 年高等教育版）解读［J］．远程教育杂志，2017，（2）．

［2］王宇航．深度学习发展现状［EB/OL］．http：//www.doc88.com/p- 9149096664986.html.

［3］张琪．e-Learning 环境中大学生自我效能感与深度学习的相关性研究［J］．网络教育与远程教育，2015，（4）．

［4］张思琦，张文兰，李宝．国外近十年深度学习的研究现状与发展趋势［J］．远程教育杂志，2016，（2）．

［5］杜娟，李兆君，郭丽文．促进深度学习的信息化教学设计的策略研究［J］．电化教育研究，2013，（10）．

［6］卜彩丽，冯晓晓，张宝辉．深度学习的概念、策略、效果及其启示［J］．远程教育杂志，2016，（5）．

［7］傅盛．深度学习是一种新的思维方式［EB/OL］．http：//tech.qq.com/a/20161205/018335.htm.

［8］何玲，黎加厚．促进学生深度学习［J］．计算机教与学，2005，（5）．

［9］张浩，吴秀娟．深度学习的内涵及认知理论基础探析［J］．中国电化教育，2012，（10）．

［10］段金菊，余胜泉．学习科学视域下的 e-Learning 深度学习研究［J］．远程教育杂志，2013，（4）．

［11］庞敬文，张宇航，唐烨伟，解月光．深度学习视角下智慧课堂评价指标的设计研究［J］．现代教育技术，2017，（2）．

［12］张学新．对分课堂——中国教育的新智慧［M］．北京：科学出版社．2016.12.

第四章　外语教师深度教学能力

中国教育创新研究院联合美国 21 世纪学习联盟（Partnership for 21st Century Learning）于 2018 年发布了《21 世纪核心素养的 5C 模型研究报告》（魏锐，2020）。5C 包括文化理解与传承、审辨思维、创新、沟通、合作等 5 大素养，该模型兼具国际视野和中国特色。深度学习是指向核心素养的有效学习方式（邵晓霞，2020），而学生的深度学习，需要教师深度教学的引导（郭元祥，2009）。作为深度学习研究的延伸，深度教学开始成为专门的研究主题（张侨平，2021）。如何切实实施深度教学，引导学生深度学习，完整地达成课程目标的要求，特别是学科思想和学科关键能力目标的达成，是目前深化课堂教学改革应解决的突出问题。深度教学，是超越工具性教学与浅表层教学局限的一种教学理念（伍远岳，2017）。深度教学是基于知识的内在结构，通过对知识的完整处理，引导学生从符号学习走向学科思想和意义系统的理解和掌握，是对知识的深度学习（朱宁波，2021）。目前有些学者从各自角度给予不同界定，深度参与论、完整知识论、深度学习论等是其中主流的代表性论点（陈齐荣，2020）。还有部分研究从深度学习的理念和实践方面进行探索，但都更多的关注基础教育（李新，2017），而对高校外语教师的深度教学能力研究鲜有涉及。本书希望构建出高校英语教师深度教学能力模型，有助于解决高校英语教师深度教学中的实际问题，并丰富深度教学的内容。

第一节　深度教学研究现状

一、核心概念

"深度教学"（Deep Teaching）一词是由深度学习延伸而来的（郭元祥，2017），最早起源于美国。R. Wilson（2003）认为深度教学是教师要先学会沉浸、与学生交流情感、碰撞思维并注重反思，才能促使学生学习超越符号和事实的表层。姚兆林（2011）指出深度教学是教师借助一定的活动情境带领学生超越表层的知识符号学习，进入知识内在的逻辑形式和意义领域，挖掘知识内涵的丰富价值，完整地实现知识教学对学生的发展价值。深度教学不同于有效教学，有效教学必须超越表层的符号教学，由符号教学走向逻辑教学和意义教学的统一，学者郭元祥(2015)把这种统一称为深度教学。也要更多学者从不同的角度对此进行界定。尽管对深度教学概念的表述有别，但均具有反对浅层教学、注重知识内核和情感态度价值观的特点。

深度教学能力是教师的一种胜任能力。教师胜任力是指教师个体所具备的与实施成功教学有关的一种专业知识、专业技能和专业价值观(邢强，2011)。对深度教学来讲，专业知识、专业技能和专业价值观各有其深度教学视域下的内涵。

教师要对教学知识进行整合，要有动态发展的知识观；专业技能包括深度教学思维及课程履历规约；专业价值观包括以学生为中心、发展性理念及知识与价值观相统一。

二、研究现状

经过长时间的实证研究，Smith 教授团队（2007）论证了深度教学（Teaching for Deep Learning）的重要性和可行性。2010 年，艾根(K. Egan) 教授领衔的深度学习项目更为直接地促进了深度学习转向深度教学的系统研究。加拿大渥太华大学教育学院的 Timothy J. Stanley 教授提出：深度教学需要从学生的已有经验与知识背景出发，建立知识教学与学生文化背景的联系。中国台湾学者陈维民博士指出：深度教学强调紧密联系学生的生活世界，教师引导学生通过合作学习、探究学习等多种学习方式以经历、体验知识的产生过程和思维演变过程（李新，2017）。美国威斯康星大学麦迪逊分校教育学院教授 Francois Victor Tochon(弗朗索瓦·维克托·涂尚) 从学科领域出发，于 2014 年提出了深度外语学习法。深度外语学习法是指教师通过教学协议和问责制的方式，由学生自主决定，利用多种资源和语言互动，完成教育项目的一种深层知识处理的外语学习方法(刘会英，2016)。深度外语学习法下的深度教学聚焦深度学习的外语学科领域，构建一种开放和动态的真实课堂学习环境，克服了传统外语教育目标的片面性发展，注重学习者的社会性、整体性等全面发展。

中国的深度教学研究主要围绕"显性的课堂建设和内隐的素养发展"两条主线展开，集中在课堂教学环境、学生素养发展和课堂教学活动的深度教学研究等三大领域(李家清，2018)。课堂教学环境主要是从资源的视角，成为师生深度对话的最主要的资源仍是教材，教材的本真价值是超越文字符号，挖掘教材背后的知识价值，这也是深度教学的内在追求(宗德柱，2015)。学生素养发展的大多数研究侧重于核心素养或学科素养与深度教学结合的策略研究，特别是运用项目式教学、问题式教学和主题式教学等深度学习方式的教学策略。课堂教学活动主要从师生两个方面研究。从学生的学习方面来看，深度教学触及的是思维、方法和情感等知识内核部分（郭元祥，2009）。从教师的素养来看，突出反映为教学改革带来的对教师的素质的新要求。姚林群提出课堂教学品质来源于教师对深度教学理念的认知和理解、价值澄清与反思、价值认同与实践（李新，2017）。在深度教学策略方面，郭元祥提出了基于丰富性（richness teaching）、回归性（recursion teaching）、关联性（relations teaching）和严密性（rigor teaching）的 4R 教学。深度教学基于把握知识的内在结构，体现知识依存性，彰显知识与主体发展的意义关系，赋予教学丰富性、回归性、关联性和严密性的特质，有效实现教学的发展价值。从此意义上说，4R 教学是深度教学的基本策略，其认为教学目标要重视多维度、多层面预设和实现；学习层次分为符号学习、逻辑学习与意义学习（郭元祥，2009）。Touch Tochon 提出了"深度外语教学法 IAPI 课程设计模型"（Tochon F V，2014），将学科任务融入超学科整体行动，以此来设计整体性的教育项目。

该课程设计可以实现诠释、分析、展示、互动等多种学习行为的融合，体现了一种整体性的教学活动。这对教师的专业知识的深度和广度以及教学素养都有很高的要求。

综上，众多学者对深度教学做了大量理论探索和实践研究，关注基础教育居多，而对高校外语教师深度教学能力缺乏探究，仅有不多的相关文献也是用量化的研究方法。因此，本书基于扎根理论，对高校外语教师深度学习相关文献进行梳理与分析，构建高校外语教师深度教学能力模型，为解决外语教师深度教学中的实际问题提供理论借鉴，并丰富深度教学的研究内容。

第二节　研究设计

深度教学研究虽然在理论研究和基于具体学科的分析已形成了一定的规模和特点，但还是处于起步阶段（张侨平，2021），对其模型构建的研究很少。为探究深度教学模型，不作任何理论假设，基于原始资料和经验，自下而上用扎根理论的方法构建深度教学模型是合理选择。定量研究无法深入解释深度教学发生的动态过程，变化规律与互动关系，而扎根理论对解决过程类问题非常实用。扎根理论是美国学者 Barney Glaser 和 Anselm Strauss 提出的一种质性研究方法，旨在从经验资料的基础上建立出一个理论框架。研究者在研究开始前并没有理论预设，而是运用归纳的方法对资料和数据进行分析整理，从而提取出研究理论（Glaser & Strauss，1967）。本书的数据来源于 WOS 和 CNKI 数据库的深度教学相关期刊文献，以及深度教学研究的专著和有关国际会议的综述，从最终编码情况来看，已趋于理论饱和。

第三节　深度教学能力模型构建

一、开放式编码提炼概念与范畴

开放式编码是对原始资料逐字逐句进行编码、标签、登录，从原始资料中发展初始概念、提炼范畴(姚宏，2021)。本研究通过对文献资料中的原始语句进行分析，提炼出 20 个初始范畴和 44 个概念编码(见表 4-1)。

表 4-1　　　　　　　　　　**深度教学开放式编码提炼概念与范畴**

初始范畴	概念编码	文献资料中原始语句摘录
F1 教学知识整合	F11 深度处理知识 F12 整合教学 F13 据依存方式和内在条件处理知识	……外语教师只要真正深度理解、掌握外语教学的基本特征与规律，才能对知识进行深度处理。 ……在深度教学理念的指导下，英语课程应该是"知识的深刻解读、经验的生活联结、思想的文化浸润、素养的核心培养"的整合性教学。 ……在课程知识观上，深度教学主张确立"知识的教育学立场"，要求教师根据知识的依存方式和内在条件处理知识。
F2 显性实践性知识	F21 符号性知识 F22 促使反思 F23 结构性知识	……显性实践性知识可促使教师对教育教学实践进行不断反思，又可为其他教师提供参考。 ……显性知识是指用符号进行表征的知识 ……显性实践性知识可从外界获得的结构性知识和教学实践中反思获得的知识中获取
F3 动态发展的知识观	F31 尊重知识的多元化理解 F32 为促进学生发展而教学	……动态、发展的知识观意味着教师尊重知识的多元化理解。 ……着眼于促进学生发展的根本目的而展开其教学活动。
F4 语言学	F41 科学的教学设计基础 F42 影响教学理念	……学习语言学理论与外语学习理论，掌握语言学的规律，为自己科学的教学设计做好理论铺垫， ……布朗(Brown)认为教师的语言和语言学习理论构成会影响该教师的教学理念。

续表

初始范畴	概念编码	文献资料中原始语句摘录
F5 二语习得	F51 二语习得与教学紧密联系 F52 二语习得与二语教学关系积极	……Gass（1992）发现第二语言习得与第二语言研究（SL）和外语教学（FL）是密不可分的。 ……希望提高语言教学水平且从事二语习得研究的教师都认为第二语言习得和第二语言教学之间有着积极的关系。
F6 自我调适	F61 自我调控 F62 创生和超越 F63 保障	……教师唯有进行有效的自我调控，形成积极应对的良好心理胜任力，才能有效地应对职业倦怠…… ……改革的过程是自我调适的过程，是自我创生和超越的过程， ……自我调适是高校熟手型外语教师顺利履行工作职责，从事专业活动和取得绩效提供了保障。
F7 隐性实践性知识	F71 经验性知识 F72 默会知识 F73 反思促使深度教学	……隐性知识是指隐含于行动和过程中的知识，深植于教师内部的经验性的知识。 ……显性实践性知识类似于英国哲学家波兰尼提出的"默会知识"。 ……反思是教师实践性知识构建的高级阶段，唯有反思教学的意识和行动，才有可能实现有深度教学。
F8 大概念教学	F81 思维技能和意义建构 F82 围绕大概念搭建教学框架	……帮助学生培养必要的思维技能和意义建构技能的一种有效的方法。 ……教师在教学内容中确定大概念和概念性的理解，并围绕这些概念和理解搭建教学框架
F9 意义建构的促进者	F91 运用思维技能 F92 应用知识到新情境中	……当深度学习和意义理解成为教学的目标时，教师通过帮助学生运用思维技能处理课堂内容，是学生参与积极地意义建构，从而促进对课堂内容的理解。 ……如果目标是让学生迎接他们在课堂内外将要面对的各种挑战，就需要思考如何帮助学生理解他们获得的信息，并将所学到的东西应川倒新的情境中去。

初始范畴	概念编码	文献资料中原始语句摘录
F10 逻辑与意义教学统一	F101 超越符号教学 F102 从符号学习到意义系统的理解和掌握	……有效教学必须超越表层的符号教学，走向逻辑教学和意义教学的统一，这种统一称为深度教学。 ……深度教学是基于知识的内在结构，通过对知识完整处理，引导学生从符号学习走向学科思想和意义系统的理解和掌握，是对知识的深度学习。
F11 任务型规约	F111 任务导向 F112 真正理解	……建立课程学习任务性规约，将完整的课程目标、学习过程和学习方式任务化，以多样化的学习任务驱动引导学生进入学习过程，即任务导向学习。 ……深度教学需要以完整的学习目标、清晰的学习任务来引导学生真正理解并进入教学过程。
F12 过程性规约	F121 问题导向 F122 理解探究，反思新知	……建立课程学习过程性规约，用问题来引导学生对新知识的了解、理解、探究、反思等具体学习过程，即问题导向学习。 ……过程性规约旨在保证学生对不同类型知识学习过程的完整性和规范性，尤其是理解的过程、探究的过程、体验的过程的完整性，达成课程学习的过程标准。
F13 方法性规约	F131 成果导向 F132 聚焦知识结构	……建立课程学习方法性规约，以学生课程学习所应和所能达到的表现性标准为依据，引导学生经历规范的学习方式和学习方法，追求学习发展性结果，即成果导向学习。 ……学生深度学习的结果或成果应聚焦知识结构的建立、可观察的表现性行为、学科经验的丰富、学科思想的建立，以及学科关键能力的形成。
F14 知识多重属性	F141 多维属性的分层次探究 F142 知识深度学习的过程	……课程知识属性的教学表达是对知识的文化、社会和辩证等多维属性的分层次的探究。 ……知识多重属性的表达过程便是对知识深度学习的过程，但课程知识属性的教学表达是受教师的教学思维支配的。

续表

初始范畴	概念编码	文献资料中原始语句摘录
F15 学生作为教学对象	F151 教学和促进的对象 F152 参与概念和主题建构	……深度教学强调为理解而教、为思想而教、为意义而教、为发展而教，不再仅仅把知识作为教学的对象，而是把学生作为教学和促进的对象。 ……围绕更宽泛概念和主题来建构学习框架的想法不应局限于教师，学生也可以参与到概念和主题的建构中。
F16 语言知识关联价值观	F161 深度处理语言知识 F162 课程知识内隐品质	……外语教师只要真正深度理解、掌握外语教学的基本特征与规律，不断提高自己的专业素养，采用合适的教学方法，对知识进行深度处理，就可以做到春风化雨，思政无痕。 ……尊重课程自身的特征和规律，通过分解知识要点，充分挖掘课程知识内隐的文化属性和精神品格，将思政教育融入课程教学的各环节、各方面，实现学生德行的养成。
F17 学生发展为价值取向	F171 终极价值追求 F172 终身核心素养	……促进学生发展，是学科教学的终极价值追求，也是课程与教学改革的价值支柱。 ……发展性即改变性，是指学科教学所引起的学生在身心多方面发生的结构性变化，使学生终身必备的具体领域学科核心素养得到整体提升。
F18 实现教学的发展价值	F181 教学过程的有机统一 F182 发展价值知识统一	……深度学习的教学过程应该是"知识与技能、过程与方法、情感态度与价值观"的有机统一 ……深度教学能有效实现专业课程教学的发展性、价值性、知识性的有机统一，做好新文科人才培养的新基建工作。
F19 发展性是本质属性	F191 以人为本，持续性发展 F192 教学发展价值	……英语课程要实现深度教学，就要以人为本，全面发展，具有可持续性。 ……深度教学基于把握知识的内在结构，体现知识依存性，彰显知识与主体发展的意义关系，赋予教学丰富性、回归性、关联性和严密性的特质，有效实现教学的发展价值。

续表

初始范畴	概念编码	文献资料中原始语句摘录
F20 价值在于深度学习	F201 意义和价值 F202 深度教导	……深度学习只有走向深度教学才更具有发展性的意义和价值。 ……学生真正意义上的深度学习需要建立在教师深度教导、引导的基础之上。

二、主轴编码确立主范畴

主轴编码又称关联编码，是对开放性编码过程中已经形成的范畴和类属进行聚类分析，从而让数据资料的各个部分建立有机关联(朱炎军，2021 高校准月教师……)。根据概念中不同范畴之间的关联度和逻辑性，将开放式编码中提炼出来的概念与范畴分别再对每一个类属进行深度分析，反复阅读与范畴相关的资料，检查是否出现新的概念，保证范畴的互斥性和严谨性(刘帮成，2019)。本研究归纳出 8 个主范畴和 20 个对应范畴(见表 4-2)。

表 4-2　　　　　　　　　　　　**主轴编码形成的主范畴**

主范畴	初始范畴	概念
Z1 外语学科知识	F4 语言学 F5 二语习得	科学的教学设计基础； 二语习得与教学紧密联系
Z2 外语教学知识	F1 教学知识整合 F6 自我调适 F3 动态发展知识观	深度处理知识，整合教学； 自我调控，创生和超越，保障； 尊重知识的多元化理解，为促进学生发展而教学
Z3 实践性知识	F2 显性实践性知识 F7 隐性实践性知识	符号性知识，促使反思，结构性知识； 经验性知识，默会知识，反思促使深度教学
Z4 深度教学思维	F8 大概念教学 F14 知识多重属性 F10 逻辑与意义教学统一	思维技能和意义建构；围绕大概念搭建教学框架 多维属性的分层次探究，知识深度学习的过程； 超越符号教学，从符号学习到意义系统的理解和掌握

续表

主范畴	初始范畴	概念
Z5 课程履历规约	F11 任务型规约 F13 方法性规约 F12 过程性规约	任务导向，真正理解； 成果导向，聚焦知识结构； 问题导向，理解探究，反思新知
Z6 学生中心理念	F9 意义建构促进者 F15 学生为教学对象	运用思维技能； 应用知识到新情境中； 教学和促进的对象，参与概念和主题建构
Z7 发展性理念	F17 价值取向 F19 本质属性	终极价值追求，终身核心素养； 以人为本，持续性发展，教学发展价值
Z8 知识价值观统一	F16 语言知识关联价值观 F18 实现教学的发展价值 F20 价值在于深度学习	深度处理语言知识，课程知识内隐品质； 教学过程统一，发展价值知识统一； 意义和价值，深度教导

三、选择性编码完成核心范畴的界定

选择性编码又称为核心编码，是在所有已发现的概念类属中经过系统分析以后，选择一个具有关联性和概括性的"核心类属"来统领其他范畴，进而形成一个概括性的形式理论。选择性编码指在所有已找到的范畴当中经过系统的分析后找出一个核心范畴，把所有其他类属串成一个整体，将大多数研究结果囊括在一个较宽泛的理论范围内。进行选择性编码就是明确已有范畴的主次之分并且围绕"核心范畴"对本书资料进行描述，借助已经发展好的主要范畴，理清整个"故事主线"，理清核心范畴和次要范畴，铺设数据资料，从而形成与主题相关的新的理论框架(刘帮成，2019)。选择式编码的具体步骤包含：(1)明确资料的故事线；(2)对主要范畴、次要范畴及其属性和维度进行描述；(3)对初步建立的范畴进行检验，对概念类属进一步补充完善；(4)挑选出核心范畴；(5)对核心范畴和次要范畴之间建立联系。

根据扎根理论的研究范式及系统分析，本书确定"高校英语教师深度教学能力模型"是选择式编码的核心范畴，围绕这一核心范畴的"故事线"可以概括为：深度教学能力是教师的一种胜任力。胜任力包括教师实施成功教学的专业知识、能力和价值观等三个方面。因此，"专业知识、专业能力和专业价值观"三个主范畴对高校英语深度教学能力均有显著的

解释力。以此"故事线"为逻辑推演,本研究通过"深度教学能力",将主范畴、初始范畴、概念编码整合在一起,初步构建了一个包含所有范畴和概念联系体系的高校英语教师深度教学能力理论模型。

四、饱和度检验

为保证扎根理论研究的科学性以及结果的准确性,需要不断寻找新的证据,进行目的抽样,并且与已形成的类属进行对比,不断分析与修改,直到不会发现新的概念范畴,才实现理论饱和。本研究目力所及相关国内外文献,结果未发现新的重要范畴和关系,主范畴也没有产生新的范畴和关系。由此,本研究所建构的高校外语教师深度教学能力模型实现了理论上的饱和。因此,本书认为初步建立的选择性编码在理论模型上是饱和的。

第四节 模型阐释

基于研究目的和研究问题,采用扎根理论的质性研究方法,本研究确定了高校外语教师深度教学能力的三大主范畴,具体见图4-1。

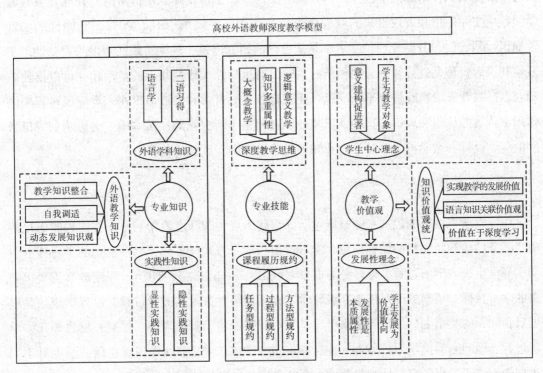

图4-1 高校外语教师深度教学能力模型

一、专业知识

"教学作为一种复杂的认知活动,教师教学的有效性在很大程度上依赖于特定情境下教师所具备的知识。"(朱炎军,2017)外语学科教学胜任力(professional competency)的知识构件主要包含外语学科知识、外语学科教学知识和外语教学实践性知识(陈向明,2009)。深度教学要求教师须拥有深厚的专业知识储备。外语学科知识主要是以语言知识为主的语言学以及其后面的教育学、心理学及哲学渊源。Borg(2001)认为,语言教师对学科知识的自我感知将会影响教学的深度、教学活动的开展,对学生的学习指导等诸多方面。美国外语教育家布朗(Brown)认为,教师对语言的认识决定他们如何教语言。教师的语言和语言学习理论构成会影响该教师的教学理念,而这种教学理念同时也贯穿并反映在教学法的诸多要素中。社会文化理论提出,教师知识不仅仅是技术性的,同时还是实践性的(江丽琴,2015)。外语学科知识与教学技能知识是外语教师专业素质框架内的基本内容(吴一安,2005),而教师本体实践性知识则是前者效能得以充分实现的关键所在。林崇德教授认为教师实践性知识是指教师在面临实现有目的的行为中所具有的课堂情境知识以及与之相关的知识,或者更具体地说,知识是教师教育教学经验的积累,强调"经验"(1999),是显性的实践性知识,而陈向明教授认为教师实践性知识是指教师真正信奉的、并在其教育教学实践中实际使用和表现出来的对教育教学的认识,强调"认识"(2003),是隐性的实践性知识(吴长江,2011)。两位学者都是从自己的研究出发,强调实践性知识的重要性。实践性知识的管理是教师知识转化创新的关键。通过隐性实践性知识的显性化,可以促使教师对自己教育教学实践进行不断反思,反思自己对语言学和二语习得在人类发展过程中的作用和价值的认识和理解。这些认识随教学过程是不断深化的,从本质上会影响到外语教师的教学设计和教学行为。外语专业知识是外语教师深度教学的基石。

二、专业技能

深度教学视域下的教师专业技能包括课程履历规约和深度教学思维。在课程履历规约中,任务性规约将完整的课程目标、学习过程和学习方式任务化,以多样化的学习任务驱动引导学生进入学习过程,即任务导向学习(task-base learning,TBL)。深度教学需要以完整的学习目标、清晰的学习任务来引导学生真正理解并进入到教学过程。过程性规约是根据对新知识的类型划分,用问题来引导学生对新知识的了解、理解、探究、反思等具体学习过程,即问题导向学习(problem-base learning,PBL)。过程性规约旨在保证学生对不同类型知识学习过程的完整性和规范性,尤其是理解的过程、探究的过程、体验的过程的完整性,达成课程学习的过程标准。方法性规约以学生课程学习所应和所能达到的表现性标准为依据，引导学生经历规范的学习方式和学习方法，追求学习发展性结果，即成果导向学习（outcome-base learning，OBL）。学生深度学习的结果或成果应聚焦知识结构的建立、可观察的表现性行为、学科经验的丰富、学科思想的建立，以及学科关键能力的形成。

教学思维是指教师在教学过程中处理知识的条件与知识理解、知识的内涵与外延、知识的符号表征与本质属性、知识的科学性与价值性，以及知识与德性、知识与能力等基本关系时所体现出来的思想方式和方法论。教学思维就是教学过程中所表现出来的处理知识的一种思维方式和教学理解。教师在教学内容中确定大概念和概念性的理解，并围绕这些概念和理解搭建教学框架。大概念教学是学科整个教学活动的连心锁，是赋予学习活动以整体性的关键。教学思维支配了课程知识属性的教学表达，其不是对知识属性的简单语言叙述和表面讲解，而是对知识的文化、社会和辩证等多维属性的分层次的探究，是对其多层次意义的揭示，实现对知识学习的充分广度、充分深度和充分关联度（郭元祥 2018）。基于知识的内在结构，通过对知识的完整处理，引导学生从符号学习走向学科思想和意义系统的理解和掌握，做到逻辑教学和意义教学的统一，指导学生对知识进行深度学习。

三、教学价值观

教师的专业价值观对教师的教育教学行为产生重大的影响，对学生的发展具有极为重要的作用。教师在自己的职业发展过程中，不仅提高了自身的教学技能，更强化了自己的价值观。本研究中教师的专业价值观特指教学价值观，它是指教学价值主体对教学中的价值关系的认识和看法，以及在此基础上确定的行为价值标准（周先进，2012）。

发展性是本质属性。教师借助一定的活动情境带领学生超越表层的知识符号学习，进入知识内在的逻辑形式和意义领域，挖掘知识内涵的丰富价值，完整地实现知识教学对学生的发展价值。促进学生发展，是学科教学的终极价值追求，也是课程与教学改革的价值支柱。通俗地说，发展性即改变性，是指学科教学所引起的学生在身心多方面发生的结构性变化，使学生终身必备的具体领域学科核心素养得到整体提升。

学生是教学活动中的中心。教学活动是一种"人为的"且"为人的"活动，它总是在"人与人"的关系之中进行。深度教学强调为理解而教、为思想而教、为意义而教、为发展而教，不再仅仅把知识作为教学的对象，而是把学生作为教学和促进的对象。在建构围绕更宽泛概念和主题的学习框架时，学生也可以参与其中。当深度学习和意义理解成为教学的目标时，教师通过帮助学生运用思维技能处理课堂内容，是学生参与积极地意义建构，从而促进对课堂内容的理解，并将所学到的东西应用到新的情境中去。

语言知识关联价值观，深度教学的价值在于促进学生深度学习。外语教学必须基于外语课程内容进行设计，尊重课程自身的特征和规律，通过分解知识要点，充分挖掘课程知识内隐的文化属性和精神品格，将其融入课程教学的各环节、各方面，实现学生德行的养成。学生在教师引导下，对知识进行"层进式学习""沉浸式学习"和"高阶思维的激发、投入与维持"。学生真正意义上的深度学习需要建立在教师深度教导、引导的基础之上。深度学习只有走向深度教学才更具有发展性的意义和价值（郭元祥，2021）。

第五节　研究结论与讨论

一、研究结论

本书采用扎根理论的方法，对 WOS 数据库和 CNKI 数据库中深度教学的相关文本资料进行了逐步编码和系统分析，得出高校外语教师深度教学模型。本模型包括专业知识、专业技能和教学价值观三部分。专业知识由学科知识、教学知识和实践性知识组成；专业技能由大概念教学、知识多重属性和逻辑意义教学的深度教学思维，以及任务性、过程性和方法性等课程履历规约组成；教学价值观由发展性理念，以学生为中心，知识和价值观的高度统一等部分组成。

二、研究贡献

（1）研究理论创新。构建了高校外语教师深度教学能力模型。目前关于深度教学能力的研究主要集中于对基础教育的理论和实践研究，本书首次聚焦高等外语教育，通过文献研究，构建高校外语教师深度教学能力模型，为深度教学研究提供可参考的理论框架。

（2）研究内容创新。目前课堂教学改革要解决的突出问题是提高学生的深度学习能力，其关键在于教师深度教学的引导。本书基于扎根理论，对教师深度教学的相关文献进行梳理与分析，构建了高校外语教师深度教学能力模型，为解决外语教师深度教学中的实际问题提供理论借鉴，丰富了深度教学的研究内容。

三、研究不足及展望

本研究数据来源于 WOS 和 CNKI 数据库，尽管在收集文本数据进行编码的过程中尽可能地考虑到资料的全面性和完整性，并遵循理论饱和原则，但资料信息发布本身仍可能存在一定程度的主观性和侧重性。未来可利用深度访谈作为资料来源对高校外语教师深度教学能力模型进行进一步的验证和补充。同时，尽管本书基于文献研究，探究了外语教师深度教学能力模型，但目前关于相关的理论研究仍极其匮乏。而深度教学是教师专业能力发展的根本基础和方向，未来仍需提供多角度的相关理论研究。

参考文献

［1］GLASER B G，STRAUSS A L. The Discovery of GroundedTheory：Strategies for Qualitative Research［M］. New York：Adline de Gruyter，1967.

［2］Kieran Egan. Learning in Depth：A Simple Innovation That Can Transform Schooling［M］. London，Ontario：The Althouse Press，2010.

［3］Smith T W，Colby S A. Teaching for Deep Learning. Clearing House，2007，80（5）.

［4］Wilson R. Deep Teaching. Encounter. 2003，16（2）：25.

［5］TOCHON F V. Help Them Learn a Language Deeply［M］. Mounds：Deep University Press. 2014. 9.

［6］陈齐荣，邹雯. 深度教学研究综述的启示［J］. 教育观察，2020，9(47)：31-33. DOI：10. 16070/j. cnki. cn45-1388/g4s. 2020. 47. 011.

［7］陈向明. 实践性知识：教师专业发展的知识基础［J］. 北京大学教育评论，2003(1)：104-112.

［8］陈向明. 教师实践性知识研究的知识论基础［J］. 教育学报，2009，（2）：47-55.

［9］江丽琴. 高校英语课程改革与发展研究［M］. 北京：国防工业出版社，2015：115.

［10］郭元祥. "深度教学"：指向学科育人的教学改革实验［J］. 中小学管理，2021(05)：18-21.

［11］郭元祥. 知识的性质、结构与深度教学［J］. 课程·教材·教法，2009，29(11)：17-23. DOI：10. 19877/j. cnki. kcjcjf. 2009. 11. 006.

［12］郭元祥. 课堂教学改革的基础与方向——兼论深度教学［J］. 教育研究与实验，2015，（06）：1-6.

［13］郭元祥. 论深度教学：源起、基础与理念［J］. 教育研究与实验，2017，（03）：1-11.

［14］林崇德. 学习与发展［M］. 北京：北京师范大学出版社，1999.

［15］刘会英. 深层外语学习法述介：课程论的视角［J］. 广东外语外贸大学学报，2016，7（02）：138-144.

［16］刘帮成，张宗贺. "为官不为"行为的内容及结构研究：基于扎根理论的探索［J］兰州大学学报(社会科学版)，2019，47(03)：24-33. DOI：10. 13885/j. issn. 1000-2804. 2019. 03. 003.

［17］李家清，梁秀华. 我国深度教学研究热点、现状与展望——基于CNKI（2000—2017）数据的可视化分析［J］. 教育导刊，2018，（07）：25-30. DOI：10. 16215/j. cnki. cn44-1371/g4. 2018. 07. 004.

［18］李新，杨莹莹. 深度教学十年研究的进展与反思——全国深度教学实验联盟第三届年

会综述[J]. 教育研究与实验，2017，（06）：95-96.

[19]李松林. 深度教学的四个基本命题[J]. 教育理论与实践，2017，37(20)：7-10.

[20]邵晓霞，李丹丹，王安逸. 促进核心素养培育的中小学英语深度学习[J]. 中小学外语教学（中学篇），2020，43(01)：32-36.

[21]魏锐，刘坚，白新文，马晓英，刘妍，马利红，甘秋玲，康翠萍，徐冠兴. "21世纪核心素养5C模型"研究设计[J]. 华东师范大学学报(教育科学版)，2020，38(02)：20-28. DOI：10.16382/j.cnki.1000-5560.2020.02.003.

[22]王艳艳. 商务英语课程中的发展性学业评价实证研究[M]. 上海：上海交通大学出版社，2018：12.

[23]吴一安. 优秀外语教师专业素质探究[J]. 外语教学与研究，2005，(3)：199-205.

[24]伍远岳. 论深度教学：内涵、特征与标准[J]. 教育研究与实验，2017(04)：58-65.

[25]邢强，孟卫青. 未来教师胜任力测评：原理和技术[J]. 开放教育研究，2003(04)：39-42.

[26]姚林群，郭元祥. 新课程三维目标与深度教学——兼谈学生情感态度与价值观的培养[J]. 课程·教材·教法，2011，31(05)：12-17. DOI：10.19877/j.cnki.kcjcjf.2011.05.003.

[27]姚宏，邓程鹏. "一带一路"推动中外旅游国际合作的路径——基于扎根理论的质性研究[J]. 西安财经大学学报，2021，34(04)：84-93. DOI：10.19331/j.cnki.jxufe.20210604.001.

[28]朱开群. 基于深度学习的"深度教学"[J]. 上海教育科研，2017，(05)：50-53+58. DOI：10.16194/j.cnki.31-1059/g4.2017.05.012.

[29]朱炎军. 大学教师的教学学术：理论逻辑与制度路径[M]. 上海：上海大学出版社，2017：76.

[30]吴长江. 真如践行基于教师实践性知识的校本行动[M]. 上海：上海大学出版社，2011：20-21.

[31]周先进. 学会关心：教学价值观的反思与重建[M]. 北京：教育科学出版社，2012：6

[32]宗德柱，孙存华. "深度教学"的变革、困境、路径[J]. 当代教育科学，2015(20)：23-26.

第五章　高校外语对分实践

第一节　大学英语视听说课实践及反思

一、教学实践

2014 年秋季学期，在笔者任教两个班的"大学英语视听说"课上开始使用对分课堂教学模式。所用教材为《新标准大学英语视听说》（Book 3），学期共 16 周，完成 5 个单元，一个单元为期 3 周 6 课时。由于视听说课型的特殊性（包含视、听、说等三部分），在运用对分课堂模式时，在时间分配上比较灵活，不一定五五分，也可四六分甚或三七分。以第一单元 Discovering yourself 为例，本单元包括五部分：Inside view，Outside view，Listening in，Presentation skillsand Pronunciation。其他单元结构类似。

第一周完成 Inside view，根据教材内容，平均听说活动约各占 1 课时。第二周完成 Outside view，Listening in，主要是完成听力任务，用一个半左右课时，即 70 分钟左右。第二课时剩余约 30 分钟讲解 Presentation skills，主要指导学生如何 Giving a formal presentation（教材内容），根据教材设计分步练习，给各组分配口语任务。分配任务时，由各组自己选择，主动性强、参与度高的组当然会先选到自己感兴趣的话题。分组主要以寝室为单位，便于学生协调任务角色，分享阅读资料，每组 5~6 人。要求下周上课时以小组为单位就坐。这里要说明的一点是，分组时征求学生的意见，是根据学号，还是寝室，还是自由组合等其他方式，本次学生选择按寝室分组。一个寝室的学生，英语基础、性格等方面各有不同，基本上遵循了同间异质的分组原则。

第三周上课的第一课时，学生直接进行小组讨论。上周已经告知学生怎么做（how），他们也选了做什么（what）。有了 how 和 what，学生在一周时间内，进行独学，查阅资料，有备而来，积极性参与度比较高。第二课时开始汇报第一课时的讨论结果。按组汇报时，不是组长一个人汇报，每个组员都要参与，按照给一个 form al presentation 的要求，分工协作，共同完成。小组汇报结束后，结合自评、他评和师评，给予打分（最高 5 分，最低 3

分）。在整个班上的汇报过程中，根据各小组汇报情况教师进行点评，不一定逐组点评。最后，对全班的本次任务汇报进行总点评，以积极评价为主。可以看出，完成一个单元的三周时间里，第二周和第三周用对分的模式，而不是全部时间都用对分。这与对分课堂教学模式的实施理念是一致的：对分模式可根据不同科目、不同课型的教学计划、教学内容，灵活组织，合理安排。

二、调查与分析

在一学期的对分教学实践结束时，对两个实践班进行了问卷调查，内容涉及 10 个题项 3 个方面的评价：课堂、课后及教学模式本身，发出问卷 81 份，收回 81 份。调查题项分析如表 5-1 所示。

表 5-1　　　　　　　　　对分课堂教学模式使用一学期后的学生问卷调查结果

项　　目	不同意	部分同意	基本同意	非常同意
课堂 课堂变得有意思，我能认真听讲	4.9%	24.7%	55.6%	14.8%
课堂能吸引我积极参加话题讨论	3.7%	12.3%	58.0%	25.9%
讨论有助于我深入理解学习内容	1.2%	13.6%	37.0%	48.1%
课后 课后我能够自主学习，为讨论作准备	1.2%	8.6%	56.8%	33.3%
我觉得课程负担和课后任务是适当的	3.7%	40.7%	37.0%	18.5%
对分课堂教学模式 对分课堂模式提升了我学习的积极性	8.6%	12.3%	56.8%	22.2%
对分课堂模式有助于培养我的批判性思维能力	4.9%	25.9%	46.9%	22.2%
我能够适应这种教与学的新方式	7.4%	24.7%	54.3%	13.6%
我对对分课堂模式下的学习效果持肯定态度，未来学习希望继续使用	3.7%	29.6%	51.9%	14.8%

从课堂评价方面来看，55.6% 的学生基本同意"课堂变得有意思"，他们能认真听讲，14.8% 的学生非常同意。58.0% 的学生对"课堂能吸引他们积极参加话题讨论"的评价是基本同意，25.9% 的学生非常同意。高达 48.1% 的学生非常同意"讨论有助于深入理解学习内容"，只有 1.2% 的学生持否定态度。

对于课后的学习状况评价，33.3% 的同学认为对分课堂教学模式提高了他们的自主学习能力，当他们在查阅资料、准备讨论材料等方面表现出了很高的积极性和主动性，56.8%的学生也基本同意这种观点。18.5%的学生认为对分课堂教学模式的课后任务量是适当的，对于他们来说，课程负担不大，40.7%的学生只是部分同意。

对对分课堂教学模式的评价，67.9%的学生能够适应或基本适应这种教与学的新方式，79%的学生认为对分课堂模式提升了他们学习的积极性和主动性，69%的学生认为对分课堂模式有助于培养他们的批判性思维能力，66.7%的学生非常希望或基本希望未来能继续使用对分课堂教学模式。与传统教学模式相比，55.5%的同学认为对分课堂教学模式较好或很好，均值高达3.4938。

从以上分析结果看出，对分课堂教学模式的教学效果明显好于传统教学模式，课堂上能吸引学生积极参加话题讨论，有助于学生深入理解学习内容；课后能提高学生的学习自主性，这是对分课堂教学模式优于传统教学模式的好处；大部分学生对对分教学模式持肯定态度，并希望继续使用。

三、反思

在一学期的实践中，有收获，有惊喜，也曾困顿。对于新标准《大学英语视听说》教材的部分内容，笔者采用了"对分课堂"的教学模式，很明显提高了大部分学生的自主学习性和课堂参与度，在一定程度上提高了教学效果。

1. 增强学生学习自主性

在传统课堂上，教师以讲授为主，且力求完整详尽，学生趋向被动接受；而在对分课堂上，教师只是引导，讲授基本框架和重难点，并不穷尽内容，留给学生一定的时间和空间去主动探索。学生带着教师布置的任务，明确了评价规则，受同学压力，课下学习会更认真。学生自己安排，经过内化吸收，查阅资料，完成任务，学习自主性明显提高。

2. 减轻教师负担

在传统课堂上，教师备课量大，负责所有教学内容的安排、组织、"表演性"的展示，但在对分课堂上，教师只需要进行讲解内容框架、重难点。分组讨论时，教师并不介入讨论，只是巡回督促，负担很小。学生展示任务时，教师做出评价，针对性强，学生感兴趣，教学效果好。

3. 分组可多样化

上述实践班级分组以寝室为单位，便于学生及时沟通交流，也可以随机分组，学生走进课堂，会抽取不同颜色的号码牌，号码牌颜色一致的就分在一个组（每种颜色 6 个），每次都可以接触不同的同学，了解不同的观点；或者按兴趣分组，这样更灵活、更丰富课堂。到底怎样分组，由学生自己决定，这样教室的空气里都会流动着一种民主、和谐的气氛，更能调动起学生学习的自主性。

4. "对分课堂"中的评价

要推广一种新的教学模式，激发学生的学习动机，提高其学习自主性，评价很重要，不但要及时到位，更要贯穿始终，真正做到过程性评价。笔者当堂给分，参考小组自评和他评，但还是感觉评价不到位，个别学生的自主性和参与度不是很高，也可能跟他们的学习需求有关，有待于进一步实践和完善。

作为一所地方二本高师院校，学校大部分学生来自农村，甚至偏远地区。据自主学习平台问卷调查，52.8%的学生没有电脑，26.9%的学生没上网，这样会影响他们的资料查阅和信息搜索，导致自主学习任务完成被动，降低课堂学习效果。学生如果有就任务话题深入探究和批判性思维的意识，就会去图书馆查阅资料。

如果有一套完善的"对分课堂"评价体系，加上完备的学习设施，相信"对分课堂"教学模式会惠及到不同层次、不同科目的课堂教学。

（本案例主要内容来自作者见刊论文"大学英语'对分课堂'教学模式的实践与探索"）

第二节 大学英语视听说单元教学设计

一、学情分析

咸阳师范学院是省属普通二本师范类院校，授课学生是非英语专业本科学生，本学期是大一第二学期，大学英语课程分读写和视听说两个课程，视听说每周 2 课时，一学期共12 周教学时间。学生听说基础薄弱，课堂教学时间远不能满足提高学生听说水平的需求。因此，视听说课程采取线上线下混合式教学方式，期望能提高学生的听力和口语水平，培养学生自主学习的能力。

二、教材分析

本学期视听说课程使用《新视野大学英语视听说教程》2 册，全书总共 8 个单元，选取其中 4 个单元进行课堂教学。每单元包括五部分，依次为 Opening up，Listening to the world，Speaking for communication，Further practice in listening，Wrapping up. 课堂教学 3 周

(6 课时)完成 1 个单元。教材内容和要求高于学生现有水平，学生普遍感到学习中困难较大。因此，在课堂教学中，教师需要合理选取教材内容，对教材内容进行再加工，贴近学生实际学习水平，让学生能在原有基础上有所提高。本单元是《新视野大学英语视听说教程》2 册第二单元：Journey into the unknown.

三、教学目标

1. 语言目标

语言目标包括语言知识目标和语言技能目标。

2. 思政目标

通过本单元学习，学生能形成自觉保护环境的意识，为人与自然和谐相处贡献自己的力量。

四、教学重难点

1. 教学重点

帮助学生熟练掌握本单元的语言知识，初步掌握本单元的听说技能。

2. 教学难点

通过学生对语言知识和技能的掌握过程，不断渗透思政教学元素，在潜移默化中让学生形成环保意识，做到思政教育润物细无声。

五、教学内容及流程

首先，用 1 课时时间完成第二单元的 Opening up 和 Viewing 部分的材料，这部分是本单元主题的导入和长对话听力部分，这部分主要讲解句子的听力技巧。第 2 课时完成 listening 部分的材料，这部分主要讲解篇章的听力技巧以及篇章的语篇模式。这两部分可以在课堂教学中采用当堂对分。教师先通过贴近学生生活实际的素材导入单元话题，然后选取合理方式讲解句子层面的听力技巧和语篇层面的听力技巧。比如，讲解语篇层面的听力技巧时，可以让学生先通过视觉的信息获取途径，即通过先阅读后听力的方式帮助学生理解语篇模式，这样就降低了篇章听力材料的难度，更贴近学生现有的听力理解水平，能克服听力教学中一句一句复述的枯燥，或是对某些句子的复述，又会让学生对整个语篇有种只见树木不见森林的认识,无法真正掌握语篇听力材料的听力要点。这样下次再听同样模式的听力材料仍感到无处下手,听不懂篇章的主旨大意。听篇章材料并不要求学生必须听懂每一句话,而是要听懂整个材料的主旨大意和关键细节信息。待学生掌握语篇结构和模式后,给学生布置同类型的篇章材料让学生利用所学技能去听懂新的语言材料,实现技能学习的迁移能力。

其次,在第 3 课时,完成 Further practice in listening 部分,针对四级考试的听力要求,给学生在处理习题时同时讲解答题技巧。在第 4 课时,完成 Speaking for communication 部分的任务讲解,这部分包括 Imitation、Role-play、Group discussion. Imitation 部分要求学生模仿,跟读句子,这部分任务主要在课下完成自己感觉模仿不错的时候,用手机录音,通过对分易平台提交。Role-play 包括 5 部分,可以设计一个当堂对分,让学生先考虑情境,然后再和同桌讨论,模拟情境对话练习。Group discussion 通过"材料输入—任务分解"的活动过程,完成 Conducting an interview. 在第二部分 Discuss and organize idea 部分设计隔堂对分。根据教材内容,给学生讲清楚这部分的每个一个任务要求及怎样完成。教师可以鼓励学生进行头脑风暴,想想他们想去旅行的地方,想做的事情,对于口语表达能力比较弱的学生,教师可以通过提供旅游图片来激发学生积极开动脑筋,积极进行表达尝试。

最后,学生经过一周的查阅资料,自主学习之后,第三周上课的第 1 课时直接进行小组讨论。学生用一周时间查阅资料,内化吸收,有备而来,积极性、参与度都比较高。第 2 课时开始汇报第 1 课时的讨论结果,按组汇报时,每个组员都要参与,分工协作,共同完成。小组汇报结束后,结合自评和他评给予打分(最高 5 分,最低 3 分)。在汇报过程中,根据小组情况进行点评,不一定逐一点评。最后,指导学生评估自己是否完成本单元的各项听说目标,反思自己的学习过程,培养自我评价,自我提升的习惯。第三周课的这 2 个课时,学生在讨论和分享中能够不断提升分析问题,解决问题的能力,增强保护环境的意识,意识到人与环境和谐相处的重要性和必要性。在单元结束时,通过本单元一系列技能的学习与练习,在潜移默化中达到思政教学目标的要求。

教师把整个单元的教学任务合理进行分解,合理选取教材内容,本着教材服务于学生学习的现状和需求的理念,重新对教材进行整合,通过当堂对分和隔堂对分,让学生不仅在知识层面上有所提升,更重要的是让学生通过深度参与课堂活动,在行为层面上提升语言学习的质量,通过自己的语言实践达到共情体验,从而达到本单元的思政培育目标。

教学反思:通过本单元的教学,我对对分课堂的教学流程有了一个完整清晰地认识,也真切的看到了对分课堂所带来的教学活力。课堂变得更有趣了,学生参与度明显提高,因为学生有一个一周的内化吸收的时间，所以他们下一次课来的时候都是"有备而来"，学生提前做了充分的准备，在小组讨论这个环节，学生积极热情，展示自己已经吃透的东西，就是"亮闪闪"；还可以把自己理解深刻的语言点拿来考考自己的组员，就是"考考你"；最后抛出自己没有弄懂的地方，就是"帮帮我"。所以说，"亮考帮"简直太神奇了，视听说课由于学生听力水平差和口头表达能力有限，课堂气氛总是比较沉闷，以前我也是想尽各种办法来调动学生课堂参与的积极性，不过总是"好景不长"，新鲜感过后，课堂又回到沉闷的状态。自从有了亮考帮之后，学生没有了被老师即兴叫起来回答问题的尴尬感，老师给学生充分的吸收准备时间之后，等到下次课小组讨论的时候，学生就有话说，讨论气氛非常热烈，语言学习有了前所未有的乐趣和轻松感。这样在完成整个单元的教学之后，学生对语言知识和语言技能的掌握明显好于之前的课堂，而且由于课堂讨论不像以前只是走走形式，学生没有真正投入进来，现在的课堂讨论学生都积极主动，从他们兴奋地状态中我能感受到对分带来的神奇改变，这样对一个主题的深度参与和探讨，无疑可以潜移默化中塑造学生的人生观和价值观，思政育人的目标更容易实现。感谢对分课堂让我突破了多年教学中面临的困境，我还会在今后的教学中不但总结，不断思考，不断学习。

附：英文教学设计

Teaching design

Book 2, Unit 2: Journey into the unknown

The listening material is from *Listening to the world*.

Learning objectives:

1. Linguistic education(语言目标)

New words recognition: fragile, temporary, permanent

Listening skills:

(1)Ss can recognize the problem-solution pattern at the sentence level: But the problem is that...; So, can it be saved?; This is viewed as a temporary measure. So the problem is finding a permanent solution.

(2)Ss can understand the whole passage at the discourse level through the cognitive strategies of predicting, note-taking and summarizing and be familiar with the problem-solution pattern.

2. Ideological and political education

Ss have the consciousness of protecting the environment, and have the idea of the balance of man and nature.

3. Teaching key points

Students should be familiar with the problem-solution pattern at the sentence level and at the discourse level, as is shown in the listening skills of the linguistic education.

Teaching content:

The listening material and an reading material which has the same pattern with the target listening material.

The reading material has the same discourse pattern with the listening material, It is selected to let Ss understand the problem-solution pattern easily and clearly. That is, after learning the reading material, Ss can use the prior knowledge to understand the meaning of the listening message. In this "Top-down" process, Ss use related information as schemata so that they can understand listening material easily.

Teaching methods: PAD (对分课堂)

Teaching procedure:

Step 1: Understanding the problem-solution pattern through small video and PPT explanation.

1. Organization of problem-pattern listening materials

Two main sections:

    Discussing a problem

    Describing a solution

An additional section:

    Evaluating the solution to the problem

2. Identification of the problem

The problem is usually discussed at the beginning part of the material

You need to focus your attention on words that indicate this concept:

The word problem

Nouns: *difficulty*, *dilemma*, *drawback*, *danger*, *hazard*, *puzzle*, *obstacle*, *lack*, *need*, *matter*, *issue*, *illness*, *fear*, *etc.*

3. Identification of the solution

You will expect the speaker to tell you a solution, actual or actual or attempted or proposed things or actions that may avoid or overcome the problem.

You can identify the solution by listening for lexical signals:

E. g. *solution*, *answer*, *propose*, *suggest*, *indicate*, *solve*, *resolve*, *improve*, *plan*, *address*, *Succeed*, *a temporary solution*, *manage the problem*, *etc.*

4. Evaluation of the effectiveness of the solution

You may find out how the speaker evaluates the effectiveness of the solution by identifying words and expressions:

excellent, successful, effective, important, quick, unique, failure, fail to solve, Succeed, a temporary solution, manage the problem, etc.

After explaining the pattern, let Ss read a passage which has the same pattern with the listening material. Then, help Ss analyze the discourse pattern of this passage, Ss will be clearly familiar with this pattern at the discourse level. By doing this before the listening, it can reduce the difficulty of the listening material at the discourse level.

Step 2: Introduce the city Venice through a podcast, Ss will have a brief impression about it.

Listening to the material and finish the questions in the textbook. These questions are well-organized questions which is helping Ss to be familiar with the problem-solution pattern.

During listening, guide Ss to predict the coming information, that is, Ss use what they have heard and what they have know to predict what will going in the passage; Ss need to take notes when necessary, in order to remember some specific information. After listening, make a quick summary about the main content of the passage. So the teacher should guide the Ss to consciously use the cognitive strategies to follow the passage smoothly.

Step 3: (当堂对分) Ss share the travelling experiences and raise their own awareness of living harmony with nature.

In this part, Ss will talk about their travelling experiences and think about the problems they faced when travelling. They discuss the open questions in each group, and then form their opinions, and then, one student in each group shares the idea with all students. Finally, the teacher summarizes all opinions and give Ss more positive feedback.

Step 4: Assignment

Do a survey about one tourist city to find out the problems of it and give possible solutions to the problems. The assignment is designed to give Ss an opportunity to discover problems in their daily life and try to find possible solutions to solve the problems. Through finding problems and then solving problems, Ss can deal with issues critically. That is, this kind of assignment can develop Ss' critical thinking and ultimately lead to Ss's awareness of protecting our environment and keep the balance of man and nature.

（本案例由咸阳师范学院王洪涛提供）

第三节　"BOPPPS+PAD"教学模式与反思

一、"BOPPPS+PAD"模式流程与优势

BOPPPS 关注于整个课堂的完整教学流程的有效设计，而对分课堂着重于教师的"讲授——内化吸收——讨论"的课堂教学组织程序。在实践教学时，既要解决教师讲授环节中的"有效教学结构"问题，使教学结构科学且完整；又要激发学生的参与兴趣、提高参与度，细化参与内容与任务，使学生的学习由"单方面被动接受知识"的过程变为"探索性接受知识+主动输出知识"的过程。其操作流程如图 5-1。

"BOPPPS+PAD"模式对 80～110 分钟时长的课堂均适用。线上内容可以用"对分易"这个微信程序，操作简单易上手。在具体实施中，可以采取线上线下穿插进行，如学生本次前测是线上测试，后测最好线下，而课内总结则学生线上完成；前测如果是线下，那么后测则是线上，而课内总结为教师总结。按此种模式可以保障学生的课内一定用手机时间使不会课堂枯燥；同时又不会大量的依赖线上教学导致学生之间的交流较少和出现教师无法第一时间掌握学生学习情况。

在实践中，利用 BOPPPS 来进行课堂整个流程的设计，通过"PAD"模式来组织"讲授——内化学习——讨论"部分的教学，是一种教学方法与教学模式的整合研究，也是线上教学辅助线下教学的新探索。基于 BOPPPS 和"PAD"的混合式课堂，与之前单纯应用对分课堂相比或者单独使用 BOPPPS 来比较，具备以下优势：

（1）"BOPPPS+PAD"模式从教学组织结构和教学设计环节来讲能够互为补充，取长补短。完整的教学设计包括课前导课与预估、课中讲与练、课后总结与巩固三个部分，对分课堂所展现的环节突出在课中。可能存在对预判学生真实水平失准、缺乏监测学习成效的方法、课堂教学环节不清晰等问题。BOPPPS 教学模式环节清晰，但在参与式学习阶段缺乏具体的操作指南和流程，对于学生的参与内容缺乏反馈与细节指导。"BOPPPS+PAD"模式结合二者优点，保证教学环节完成、过程流畅、"学生主体、教师主导"。

教学环节			课程环节	实施方式	内容安排	达成目标	时间分配	课时分配
B			导入（Bridge-in）	线下	知识导入	激发兴趣，引入主题	5分钟	
O			目标展示（Objective）	线上	知识目标展示	学生了解学习目标	2~3分钟	
P			前测(Pre-assessment)	线上/线下	针对本次课相关内容的测试	了解学生相关知识储备，激发学生求知欲。	5分钟	
P（Participatory learning）	对分课堂	P	讲授（Presentation）	线下	导读式教授知识框架及（或）处理重难点	教师展示、学生了解知识重难点及框架	20~30分钟	第1课时
		A	内化吸收（Assimilation）	线下为主，线上为辅	对讲授知识及留白部分的内化吸收	个人反思性、探索性、总结性内化学习、吸收	20~30分钟	
		D	讨论答疑（Discussion）	线下	组内、组间讨论、全班分享，教师答疑	小组讨论式学习，交互式学习，教师答疑解惑	20~30分钟	
P			后测(Post-assessment)	线下/线上	对本次课重难点或本单元知识框架的测试	教师掌握学生学习情况，知识测试、讨论分享等	5~10分钟	
S			总结（Summary）	线下/线上	教师总结或学生展示	学生学习反思，教师教学反思	5分钟	第2课时

图 5-1 流程图

51

（2）"BOPPPS+PAD"模式操作时，自主学习指令明确、内容具体，"输入为提纲，输出为目的"，学生个人提升空间巨大。常规的讨论模式中，常常因为讨论内容不明确或者任务结构松散，导致讨论环节费时低效。而"BOPPPS+PAD"模式中讨论时，学生以"亮考帮"为纲，线上辅助内化吸收，然后组内讨论，分享学习成果。其过程目标性强，任务导向明确，环节紧凑，使学生在组内讨论时人人有话可说，人人得以参与，相对省时高效。

（3）前测、后测使评价反馈设计更合理，使教师有效收集教学第一手资料。前测后测环节有利于教师有效了解学生知识储备、课程掌握情况。而采用"BOPPPS+PAD"模式授课的教师可以针对线上的前测、后测收集数据，进行量化评估，以便调整教学设计、授课难度和授课进度。同时，量化反馈与评价极大地帮助了教师收集教学研究第一手数据，以便开展或继续科研，为长期教学效果和教学质量的提升奠定实践基础和数据资料来源基础。

"BOPPPS+PAD"模式融和了"BOPPPS"和"PAD"模式的优点，既解决了传统讲授课堂教学设计与结构的问题，又有效避免了传统讨论环节的"费时低效"的问题，提高了学生的兴趣与参与度。在新文科新功课新医科新农科的"四新"教育改革号召下，高校英语课堂只有不断改革与优化教学方法，才能高校激起学生学习兴趣、自主学习动力，使学生的英语语言学好、用好。

二、《新航向大学英语》课例与教学反思

这节课的单元题目是 A Penny Saved Is a Penny Earned——Budget Your Money Well，选自《新航向大学英语》第二册，第四单元。从题目可以看出，本单元内容与金钱有关。

表5-2是一张教学内容过程图。第一栏是教学步骤，这里可以看到 BOPPPS 是如何与 PAD 模式融合的，我们在参与学习这个环节具体化为 PAD 模式。第二栏是其全称。第三栏是线上线下混合式进行。第四栏是教学内容安排，接下来会详细介绍。第五栏是可能用到的辅助方法、手段，标有蓝色的是本节课我采用的。

本节课教学环节分为8个步骤。

（1）导入。用了8张图片，分别是阿富汗、阿根廷、中国澳门、白俄罗斯、朝鲜、德国、古巴、蒙古国的货币让同学们来猜。这样可以吸引学生的注意力、提高学习兴趣、导出课程主题，也让学生了解课题背景。

（2）教学目标。在课堂上通常用PPT展示，让学生完全清楚本节课的学习要达到什么目标。大约1~2分钟完成。

（3）前测。前测的目的是了解学生的兴趣与关注点，学生对相关知识以及储备知识的掌握，便于调节课程难易度与进度，使课程目标更加聚焦。都是英译汉，共有五个短语，三个句子。学生将利用对分易完成。笔者通常会把比较重要的前测后测放在对分易上，这样便于学生下课复习或者再抄写在书上或笔记上。前测时间大约3~4分钟完成。此次要求线上提交，所以学生要写完拍照提交，所以回避平时的前测多一分钟时间。

（4）参与式学习。是对分课堂的第一阶段。教师讲解。主要体现精讲留白。也就是提纲挈领的讲授，重难点突出，留给学生一定的自学内容和空间。首先解释题目意义，较难的单词。讲解在单元导言中的字词句，难点以及重点句型 It fosters every virtue, ... and so broadens the mind. 它的优点，学生后面内化吸收要注意的地方。

表 5-2　　　　　　　　　　　　**"BOPPPS+PAD"教学内容过程图**

环节	步骤	方式	内容安排	表现形式
B	导入（Bridge-in）	线下（offline）	PPT 展示世界的纸币。（PPT shows pictures of cash around the world.）	图片展示，故事引用，话题讨论，经典引用，短视频，研究数据与发现，新闻报道，影片片段。（Picturing, story, discussing, classics-citing, video-clipping, research data and finding, news, film-clipping.）
O	目标展示（Objective）	线上/线下（online/offline）	向学生展示教学目标。（Show the learning objectives to Ss.）	板书，PPT，线上 APP 展示。（Black-board-presenting, PPT showing, APPS online presentation）
P	前测（Pre-assessment）	线上/线下（online/offline）	为了鼓励口头表达关于货币的话题，进行小测。（Expressions-test on money to encourage Students to talk about the related topic.）	问答。是非选径，识辨单词，词组、习语翻译。开放问题讨论，线上小测。（Ask and answer. Yes-no questions, new-words distinction, expression and idiom translation, open questions, online quiz.）

续表

环节		步骤	方式	内容安排	表现形式
P （Participatory learning） 参与式学习	对分课堂	P 讲授 （Presentation）	线下 （offline）	引导学生学习语言点。（Lead Students to learn the language point of the contents.）	<u>教师提提纲挈领讲授：精讲留白。</u>（Teacher explains generally and in outline: leaving further-thinking parts.）
		A 内化吸收 （Assimilation）	线上线下混合 （Combination of online & offline）	学生按"亮考帮"内化吸收语言点：5个词组余表达，2个句子，一个句型转换。（Students assimilate linguistic points followed as clues of "impress me-challenge you-help me": 5 ws/exps-2 sents-1 alternative）.	<u>学生按"亮考帮"内化学习。小组不讨论，教师不参与。</u>（Ss assimilate linguistic points followed as clues of "impress me- challenge you-help me". Neither inner-group discussion, nor teacher-involving）.
		D 讨论答疑 （Discussion）	线下 （offline）	小组和班内讨论分享内化结果，针对主要问题进行班级深入讨论。（Group discussion and in-class sharing of their assimilation. Further discussion focuses on critical questions.）	<u>组内、班级讨论分享：教师答疑。</u>（Inner-group and in-class discussion: T solves difficulties.）
P		后测（Post-assessment）	线上/线下 （online/offline）	针对理解与扩展的小测。（Quiz on content understanding and extending.）	知识测验，习题演练，操作演示，问题汇报。量表填写。（Quiz, exercises, operating, question-report, scale-filling.）
S		总结 （Summary）	线下 （offline）	教师总结，预留下次预习内容。（Teacher summarizes the teaching contents and gives assignment to prepare for the next class.）	<u>总结重难点</u>、知识框架、概念等内容。以<u>个人概括</u>、思维导图、知识图谱、讨论分享等方式呈现。（<u>Sum up and present difficulties</u>, framework, concepts in the forms of <u>individual-summary</u>, mind mapping, knowledge-tree, discussion.）

注："形式"一栏中，下划线是本节课所采用的形式。

lead-in I 有 4 句名言。讲解基本意义，名言的作者大概生平记事。重点讲解第二句和第三句，也就是重要句型。If we command our_ wealth_ , we shall. be rich and free; if our_ wealth__ commands us, we are poor indeed. A -friendship-founded on business is better than business founded on friendship. 这两个句子的优美之处和如何替换使用。第一个句子的语法也就是，如果我们控制了……，将会怎样，如果我们被他控制了，那将很糟糕。第二个句子 A friendship founded on business is better than business~ founded on friendship 建立在商业往来基础上的友谊将比建立在友谊基础上的商业往来要好一些。也就是不要和朋友做生意。举个例子，可以替换为利用，金钱，那么句子就会"建立在友谊基础上的财富将比建立在财富基础上的友谊要好一些"。就是酒肉朋友不可靠。这是个难点，即便在座的各位同仁，也有被我绕晕的了，所以这里是精讲。

lead-in II 针对每个图给学生解释主要表达了什么，给学生一些提示词，提示方向，但不是仅有几个。充分体现了留白。这个环节需要 15~20 分钟。

(5)内化吸收。学生按照"亮考帮"主线，任务提示为副线进行，用对分易辅助进行。因为体音美的学生实在不知道内化吸收什么，所以我会给他们设置一定的任务，今天是五个单词或者短语，2 个句子仿写，一个思辨性或者困惑性问题的提出。这些内容设置是按照亮考帮的形式进行的，如同学 A 基础较好，他的亮考帮模式是，亮闪闪部分 3 个单词加一个句子，考考你是 2 个短语加一个句子，帮帮我可能是一个思辨性的问题，同学 B 可能就不太一样，他基础弱一点，可能亮闪闪是 5 个单词，考考你是一个句子，帮帮我是一个句型加一个疑难问题。这个阶段学生不讨论，教师不答疑。这个过程大约 10 分钟。

(6)小组讨论与分享。组员把自己的亮考帮互相分享，要自己朗读出来，并有相关的解释，帮帮我的问题先在组内解决。这个过程 7~8 分钟。然后小组把问题提出来。今天学生的问题是 A penny saved is a penny earned. A penny earned is a penny saved. 哪一个正确。班级讨论 2 分钟，大约有 2 名学生回答。然后引出勤与俭的道德观和传统美德，这也达到了课程思政目标。一般情况，我们的讨论不会太长，让学生有话可说，又意犹未尽，才会抓紧时间和期待下一次的分享。

(7)后测。基本目标检测是否完成知识学习，高级目标对知识是否能够延展。语言知识测试，仍然是五个单词与短语表达，这要求学生课内完成。这也是基础考核。也是线上利用对分易进行。只有 1~2 分钟完成。知识拓展测试放到了课后，需要学生完成一个对话，要求有五个话轮。

(8)总结。一般情况有教师总结和学生总结两种，教师总结可以宏观性地总结并布置一定量的基础作业与延伸性作业，课程预告等；学生总结可以总结重难点、知识框架、概念等基础内容，以思维导图、知识图谱、讨论分享的方式进行。本节课我来总结并布置下一次课学生要准备的内容——谈论银行与银行贷款。

现在针对 BOPPPS+PAD 模式进行总结与反思。

（1）导入前测不可混；导入不要太难，要能激起学生的兴趣或者说好奇心，前测激起学生的好胜心。

（2）内化时指令明确：内化吸收时指令明确学生会效率很高，愿意去做。

（3）主动学习是嬗变：当讨论时，可以看到每个孩子手里的亮考帮笔记，就可以感受到由教师单向输出，变成师生共同输出变化，也是学生主动学习的开端。

（4）及时反馈很重要：线上测试的结果可以反映出很多问题，学生书写缭乱、单词掌握不好，思路不开阔等。

（5）线上线下交替用：如学生本次前测是线上测试，后测最好线下，而课内总结则学生线上完成；前测如果是线下，那么后测则是线上，而课内总结为教师总结。按此种模式可以保障学生的课内一定用手机时间使不会课堂枯燥；同时又不会大量的依赖线上教学导致学生之间的交流较少和出现教师无法第一时间掌握学生学习情况。

（6）充分利用对分易：操作方便，学生可以随时查看作业进度和消息，教师可以随时发布消息，批改作业。

（7）"双主"模式已形成：BOPPPS+PAD 模式完全体现了"以学生为中心，以教师为主导"的新模式。

（本案例由咸阳师范学院王翠英提供，部分内容摘自本人见刊论文"基于'BOPPPS+PAD'模式的大学英语教学研究"）

第四节　大学二外日语对分课堂教学模式的实践与探索

本案例中授课对象为英语专业学生，日语是其第二外语。所用教材为《大家的日本语》，每篇课文有词汇、语法、课文一和课文二，总共四个部分。本学期共有 48 学时，每篇课文需要 5 课时完成，每节课 50 分钟。上课基本流程如下：

第一节：单词部分使用"当堂对分"。首先，教师挑选重点、难点讲授 15 分钟。其次，教师让学生对所学知识进行吸收和消化，同时准备基于"亮考帮"为支架的作业，大概用 15 分钟。"亮"即"亮闪闪"，指的是学生在学习词汇过程中感受最深、掌握得最好的词汇，要求准备 3~5 个问题；"考"即"考考你"，指的是自己弄懂了，但是觉得别人可能存在困惑的地方，用问题的形式表达出来，要求准备 1~3 个问题；"帮"即"帮帮我"，指的是要把自己不懂、不会的地方或想要了解的内容，用问题的形式表达出来，在讨论时求助于同学。"亮考帮"可以是基于词汇意思的补充、发音的朗读、发音特点的研究。例如，第 8 课的单词"生活"，它的发音是"せいかつ"，其中日文汉字"生"的发音是"せい"，这和第一课所学习的"先生"、"学生"的"生"是一样的，在讨论中可将个人的发现谈出来。再次是小组讨论，时间一般是10分钟。最后，进入师生互动环节，教师抽查5分钟，让学生自由发言以及全班共同探讨5分钟。根据实际情况各个环节的时间可以灵活调整。词汇的对分，由于教师讲解内容压缩，学生的听讲更专注。独学阶段学生也都可以做到积极思考，课堂没有了玩手机、刷屏的现象。讨论过程中学生倾听其他人的学习方法，互相质疑，比单纯地听教师上课更有兴趣。

第二节和第三节讲授语法，根据教学内容和学情，主要运用"隔堂对分"。时间具体安排如下：第二节课用10分钟首先答疑解惑词汇对分的遗留问题，其次用10分钟左右带领学生熟悉课文第一部分，最后进入语法"对分课堂"的讲解环节；每一课一般是5~7个语法点，详细讲解重点、难点，并举一到两个例子，不进行师生互动，30分钟左右。课程结束，教师留作业让学生用每个语法造句，并思考自己的"亮考帮"，下周上课，带上自己的作业进行"隔堂对分"。在本门课的第二次课堂上(第三节课)，教师让学生就自己的作业进行四人一组的分组讨论，针对日语书写容易和汉语书写混淆的特点，在讨论的时候互相传阅自己的"亮考帮"作业，教师在每组有意识地搭配一个优等、两个中等、一个差等。讨论时间一般是20分钟，教师个人抽查8分钟，小组抽查12分钟，教师答疑解惑10分钟。这样语法环节实现了在第二节课讲解、课后内化吸收、第三节课讨论这样一个"隔堂对分"的完整过程。分组讨论的形式解决了以前不能及时了解每个学生对知识掌握情况的遗憾。学生在小组讨论中都交流自己所编写的句子，不但可以及时纠正语法错误，而且发音、书写也可以得到有效纠正，在小组讨论中学生发言更加轻松自如，讨论的内容更加个性化、细致化。为了防止个别小组"偷懒"，教师要求每次讨论后组长将本组的"亮考帮"进行总结归纳，对没有提问的小组要利用"对分"课堂学习软件"对分易"将总结的东西以照片的形式发给教师，以了解每个组的学习状况。

第四节的课堂习题处理环节仍然使用"对分课堂"模式，因为每篇课文的学习是5小节，第4节课可能是一次课第2小节的开始，也可能是一次课第1小节的开始。如果是前者，上课一般只处理练习词汇替换之类的部分，教师先讲解例句，讲完后让学生直接分组讨论做题，按照要求做词汇或者句子替换，如果有问题大家现场对其纠正。小组搭配要切实按照优、中、差的原则。如果是后者，那么在第一次上完前两节之后，要求学生下去做课后的所有习题，下次要参加习题课的讨论，这样可以做"隔堂对分"。习题处理的"对分课堂"模式，可以省略内化吸收的环节，即教师讲完题目要求学生直接进入小组讨论，这时学生思维更敏捷，课堂气氛也更加轻松活泼。

第五节课：在课文背诵环节只应用了"对分课堂"的讨论环节的分组模式，让学生分组背诵，可以三人一组或者四人一组，大概 15 分钟，小组内部互相背诵，教师在周边巡视背诵情况。剩下的时间，教师抽查个人或者小组。

经过一学期的教学应用和实践，发现对分课堂极大调动了学生的学习积极性和参与性，培养了学生独立思考的精神；其次，课堂里的思想碰撞深化了知识的内涵和外延，听同学讲解对知识的理解比教师讲解更有效；最后，小组讨论培养了学生与人合作的精神，打破了原有英语班级的界限，扩宽了交际范围，提高了学习效率。

在认识对分之前，一直认为只有特别难的、深奥的问题才会讨论，一般问题都没有必要讨论，而对分课堂的一个重要环节就是讨论，于是我首先面临的困惑是是否有必要用对分课堂对二外的单词、语法、课文等内容进行讨论。其次，学生对于这门课的学习远远不如对专业课那样重视，学生是否会配合教师的讨论。再次，对分流程有讲授、吸收内化、讨论等环节，上课按照这些环节进行，课堂任务是否能按计划完成。结果第一次尝试就惊喜地发现学生不但不反感，反而很高兴。在小组讨论中，经常是时间到了，许多学生还讨论得意犹未尽。师生互动环节，学生对所学知识掌握得更好。于是在课文背诵、习题处理环节上也使用了对分方法。

（本案例由咸阳师范学院张雪梅提供，主要内容摘自其见刊论文"大学二外日语'对分课堂'教学模式的实践与探索"）

第六章 中小学对分课堂英语教学实践

第一节 小学英语对分教学案例

1. 外研版(三年级起点)六年级上册第二模块教学设计

课题	There's Chinese dancing.	课时设计	第 1 课时（本模块共 3 课时）	
学习目标		评价标准	评价任务	评价时间
能准确认读并运用单词：Chinatown, some-times, shop, dancing, then, strong		快速流利认读单词。具体语境中运用单词。	任务单(1)的一、二	当堂
能理解或借助图片等初步运用"there be"句型描述某处有某物。		正确使用 be；能借助图片准确描述。	任务单(1)的三、四	当堂
能用 There be 句型描述真实生活情景中某个地方，例如描述 My School。		能写出符合语法规则的小短文	任务单(2)	隔堂
重点	本模块单词以及"there is"和"there are"的用法			
难点	用"There be"句型描述真实生活情景中的某个地方。			
教学过程				
精讲留白 (8分钟)	**Step one：New words.** 　　Chinatown：PPT 出示有关世界各种地区 Chinatown 的图片。唐朝在中国历史上是一个强盛的朝代。在海外的华侨华人往往称自己是"唐人"，他们聚集的地方便称为唐人街。唐人街是中华民族在海外的落脚地，也是中华文化在海外的保留地和生长点。住在唐人街，就像在中国大陆、台湾和香港等其他华人小城一样。			

教学过程	

精讲留白
（8 分钟）
	Chinatown 是个合成词。（China（中国）+town（城镇）= Chinatown（唐人街，中国城）例如：foot + ball = football，class + room = classroom，black + board = blackboard，snow + man = snowman。
	2. sometimes：（频率副词）有时。some+time+s
	sometimes 是频率副词，用于一般现在时，主语是第三人称单数时，动词要用第三人称单数。常用的频率副词还有 always，often，usually，never。
	例句：I sometimes play football after school.
	    He sometimes plays football after school.
	3. shop：商店 supermarket 超市。
	4. dancing：（不可数名词）舞蹈。动词变动名词 dance—dancing。
	    Chinese dancing（中国舞蹈）
	5. then：四年级学过这个单词，当时是"那时"的意思，过去时的标志。在本单元中表示既然这样，那么。例：It's too late. Then let's go to Chinatown tomorrow.
	6. strong：坚固的，形容建筑物等。四年级学过这个单词，表示身体"强壮的，健壮的"。
	    He is strong.
	    The Great Wall is strong.

独立内化 （3 分钟）	请同学们按顺序、按要求完成任务单上的练习题，有困惑的地方要及时标出来。
小组讨论 （3 分钟）	1. 请同学们将自己的任务单在小组内交流一下，每一位同学都要将自己的学习过程、收获或疑惑讲给大家听。只要开口交流，就给自己画上一个大大的笑脸。 2. 教师巡视课堂：统计完成情况；适当的指导讨论；了解学生讨论情况。
师生对话 （3 分钟）	1. 请几位同学跟大家讲一讲任务单一二题？请大家认真倾听，之后有不同意见的同学可以提出来，我们共同交流。 2. 第三题有三个单词首字母都是 s，同学们一定注意句意。
精讲留白 （9 分钟）	**Step 2：There be 句型** 1. There be 是英语中常用句型，意思是"有"，表示"人或事物的存在"。There be 后面的名词是句子的主语，属倒装结构。常用句型：There be+名词+地点。 1）There is（was）+可数名词单数（a dog，a book，an orange…）

教学过程

精讲留白 (9分钟)	2）There is（was）+不可数名词（dancing，juice，milk，water，meat，bread，rice…） 3）There are（were）+可数名词复数（lots of shops，a lot of books，some photos，many desks…） 4）There be 句型就近原则。 根据一首歌来巩固对 there be 句型的认识： There is（was），there are（were）表示"有"时就用它。 一般疑问句子中，Is 和 Are 来当家。 表示"没有"怎么办，有个 not 别忘加。 要是问我加哪里，就在 is 和 are 后面啊。 some，any 是兄弟，两人脾气各不同， 疑问否定用 any，肯定句中用 some。 2. 引导学生观察教室，一起用 there be 句型描述教室。注意 be 动词和名词的单复数。 例：There is a computer in the classroom．There are some books on the desk．
独立内化 (4分钟)	按顺序、按要求自己完成任务单上的练习题，有困惑的地方要及时标出来。
小组讨论 (5分钟)	请同学们将自己的任务单在小组内交流一下，每一位同学都要将自己的学习过程、收获或疑惑讲给大家听。只要开口交流，就给自己画上一个大大的笑脸。 教师巡视课堂：统计完成情况；适当的指导讨论；了解学生讨论情况
师生对话 (5分钟)	1. 请几位同学跟大家交流任务单四、五题？请大家认真倾听，之后有不同意见的同学可以提出来，我们共同交流。 2. 课堂小结：本节课我们学习了 dancing，sometimes，shop，then，Chinatown，strong，并且复习巩固了 there be 句型，同学们都把自己的学习体会在小组内交流，能写出来，能说出来，这样就非常棒了！有的同学还能对自己的学习情况进行反思总结，及时表达出自己的不同意见，老师为你们点赞！ 3. 布置作业： （1）熟读本课所学单词 （2）完成任务单 2 运用 There be 句型，以"My School"为题，介绍学校或理想中的学校。

续表

	教学过程
板书设计	**There's Chinese dancing**. Chinatown There be 句型 sometimes There is+单数/不可数 shop(s) There are 复数 dancing 就近原则 then Is there…? Are there…? 　　　　　There isn't…There aren't… strong some 变 any

There's Chinese dancing 第一课时任务单(1)

一、快速准确读出下列单词，不会读的红笔圈出来。

dancing, sometimes, shop, then, Chinatown, strong

二、根据句意及首字母提示补全单词。

1. The Great Wall is s ____.

2. We can buy things from the s ____.

3. There is Chinese d ____.

4. It's raining. We can't play football. T ____ let's do our homework at home.

5. I s ____ watch TV on Saturday.

三、用括号里所给词的正确形式填空。

1. There ____(be)a TV in the classroom.

2. There ____ (be)a blackboard on the wall.

3. There ____(be)some juice in the bottle.

4. There ____ (be)some books on the bookshelf.

5. (be)there 6. ____ (some)Chinatowns in China?

7. ____(be)there Chinese dancing?

8. There ____ (be) a pen and some books in the schoolbag. .

9. There ____ (be) some books and a pen in the schoolbag .

10. There isn't ____ (some)milk in the bottle.

四、练一练(课本第 10、12 页)。看一看,仿照例图说一说。

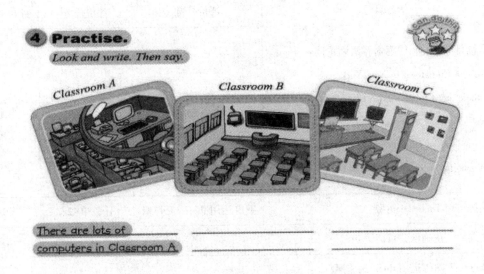

反思与提问

1. 通过以上的学习,我最大的收获是什么?

2. 我想考考同伴的问题是:.

3. 在今天的学习中,我的困惑是:

There's Chinese dancing 第一课时任务单(2)

　　运用 there be 句型,根据课堂上对"My Classroom"的练习,以"My School"为题,介绍一下学校或理想中的学校。不少于 5 句话。

_____

_____

_____

_____

_____

_____

_____

_____

_____

课题	There's Chinese dancing.	课时设计	第 2 课时（本模块共 3 课时）	
学习目标		评价标准	评价任务	评价时间
能认读目标语句，注意语音语调重读： There is a Chinatown in New York. Are there any Chinatowns in China? There is Chinese dancing. There are lots of Chinese shops and restaurants。 I am sending an email to my family in China.		流利准确认读	任务单（1）	当堂
能熟练运用 There be 句型		熟练运用 there be 句型	任务单（2）	当堂
重点	正确认读目标语句			
难点	熟练运用 there be 句型			

教学过程	
小组讨论 （5 分钟）	1. 同学们，上节课复习巩固了 there be 句型，请同学们将自己上节课的任务单二在小组内交流一下，说一说"My School"或"My Bedroom"。同学们要认真倾听，积极交流。 2. 尝试大胆用英语表达自己，只要你开口了，就给自己画上一个大大的赞吧。
师生对话 （7 分钟）	1. 请哪位同学跟大家说一说"My School"或"My Bedroom"。请大家认真倾听。 2. 存在的最多的问题在这里再强调一下，个别同学 there be 句型掌握的不够扎实，前面用到了 are，后面的名词忘了加上 s。今天课后继续完善自己的作文。 同学们现在能够在小组内用英语交流展示自己的作文，大家非常棒。为大家点赞，我们继续努力。
精讲留白 （12 分钟）	一、导入 1. 出示一张纽约唐人街的图片，ppt 出示句子 There is a Chinatown in New York. 板书，领读学生齐读。 2. 问学生 Are there any Chinatowns in China? 引导学生看书回答"All towns in China are Chinatowns！播放活动 1 的课文，让学生跟读。注意一般疑问句语音和语调和重读。 3. 根据两个目标语句，一起简单复习 there be 句型的用法。 二、新课学习 1. 向学生介绍：Daming 现在在美国表兄的家里，他正在给家人发送 email，他很想念

教学过程

精讲留白 （12分钟）	家人，他今天了解到了很多关于唐人街的情况，让我们一起来看一看。 2. 播放第一段录音，请同学们认真听并且共同回答： What is Daming doing? —He is sending an email to his family in China.（复习正在进行时句子结构 主语+be+动词 ing，短语：send an email to ）。 3. 播放第二段录音，边听边跟读，并且划出含有"There is /are"的句子。 板书：There are lots of Chinese shops and restaurants there. 　　　　There is Chinese dancing. （领读并齐读几遍读两个重点句子） 巩固 there be 句型，强调 is、are are—lots of Chinese shops（复数） is—Chinese dancing（不可数名词） 把两个重点句变成一般疑问句并做肯定或否定回答，变成否定句。 4. 讲解第二段课文 Can you tell me more about? 你能告诉我更多关于… Let's/can（can't）+动词原形 You do miss China.（do 在本句中表示强调，表示思念的程度很强烈。造句：I do love my son.） 5. 看课文，听录音跟读以及自己读，注意语音语调和重读。 6. 出示一幅公园场景图，领着学生用"There be"句型进行描述，进一步巩固 there be 句型。
独立内化 （5分钟）	按顺序、按要求自己完成任务单上的练习题，有困惑的地方要及时标出来。
小组讨论 （6分钟）	1. 请同学们将自己的任务单在小组内交流一下，每一位同学都要将自己的学习过程、收获或疑惑讲给大家听。只要开口交流，就给自己画上一个大大的笑脸。 2. 教师巡视课堂：统计完成情况；适当的指导讨论；了解学生讨论情况。
师生对话 （5分钟）	1. 请几位同学跟大家讲一讲任务单上的题？请大家认真倾听，之后有不同意见的同学可以提出来，我们共同交流。 2. 看图描述时个别同学 is、are 以及单复数还是存在问题。需要多加练习。

	教学过程
师生对话 (5分钟)	3. 课堂小结：本节课我们学习了 There is a Chinatown in New York. There is Chinese dancing. There are lots of Chinese shops and restaurants. 并且巩固了 there be 句型，同学们都把自己的学习体会在小组内交流，能写出来，能说出来，这样就非常棒了！有的同学还能对自己的学习情况进行反思总结，及时表达出自己的不同意见，老师为你们点赞！ 4. 布置作业： (1)朗读课文，注意语音语调重读。背会目标语句。 (2)借助图片描述卧室或自己的卧室。
板书设计	M2U1 There is Chinese dancing. There is a Chinatown in New York. Are there any Chinatowns in China? There are lots of shops and restaurants. There is Chinese dancing. I'm sending an email to my family in China.

There's Chinese dancing 第二课时任务单(1)

一、给下列句子排序，并将连好的句子正确流利朗读。

1. There, Chinatown, New York, in, a, is .

2. There, lots of, shops and restaurants, are, Chinese.

3. There, dancing, Chinese, is.

4. Are, any, in, China, there, Chinatowns ?

5. I, am, email, to, family, in, sending, an, my, China.

二、看图说话，用 There be 句型描述。

反思与提问

1. 通过以上的学习，我最大的收获是什么？

2. 我想考考同伴的问题是：

3. 在今天的学习中，我的困惑是：

3 Look and say.

There are five pupils on the Great Wall.

There's Chinese dancing 第二课时任务单(2)

同学们,你们的卧室一定很漂亮吧,用"There be"句型简单介绍给我们吧。不少于6句话。你可以借助图片完成,也可写一写自己真实的卧室。

课题	There are lots of beautiful lakes in China.	课时设计	第 3 课时（本模块共 3 课时）	
学习目标		评价标准	评价任务	评价时间
能准确认读短语： the Huangshan Mountain，the Changjiang River，the West Lake，the Great Wall		快速流利认读	任务单（一）一	当堂
能准确认读目标语句： There are many mountains in China. There is a famous mountain in Anhui. There are lots of beautiful lakes in China. 能熟练运用 there be 句型		快速流利认读目标语句，正确熟练运用 there be 句型	任务单（一）二、三、	当堂
通过对词组和句型的够练，能够比较熟练的用英语描述祖国的大好河山（景点景观）或者自己家乡的景点。		写出符合语法规范的小作文	任务单（二）	隔堂
培养学生热爱祖国大好河山的情感				
重点	目标短语及句子			
难点	通过对词组和句型的操练，能够比较熟练的用英语描述祖国的大好河山或者自己家乡的景点。			
教学过程				
小组讨论 （3分钟）	1. 同学们，上节课我们学了关于美国唐人街的课文，复习巩固了 there be 句型，请同学们将作业任务在小组内交流一下。 2. 尝试大胆用英语表达自己，只要你开口了，就给自己画上一个大大的赞吧。			
师生对话 （3分钟）	3. 请哪位同学跟大家说一说。请大家认真倾听。 4. 同学们完成的非常好。			

续表

	教学过程
精讲留白 (15分钟)	一、导入 1. 今天我们一起来做小导游，看看我们祖国的大好河山，学一学怎么描述介绍旅游景点景观。 2. 展示景点图片及其英语表达(the Great Wall, the West Lake, the Huangshan Mountain, the Changjiang River, 前两个在第一模块学过, 同学们一起读一读, 强调字母大写。后两个教师示范读, 学生齐读。 3. PPT上快速闪现景点图片, 学生快速说出其英语表达。板书到黑板上 4. 指导学生用已学过的形容词(high, long, old, beautiful, strong, famous 等)描述景点特征。 The Huangshan Mountain is high. The Changjiang River is long. The West Lake is beautiful. The Great Wall is strong. Shanghai is big and famous… 二、课文学习 1. 学生观看课文动画。了解课文内容是谈及了明信片上中国的自然景观。划出课文中景点名称以及 there be 句型句子。 2. 强调景点名称的大写以及复习 there be 句型。 (are—many mountains, is—a mountain, are—lots of lakes) 3. 熟读 there be 句型的三个句子。板书到黑板上。口头把句子变成一般疑问句并作出回答。 4. 跟录音朗读课文, 注意语音语调及重读。 5. 小导游。老师从手中的景点图片(黄山, 长江, 桂林, 三亚等, 景点图片下面有景点特征的提示词)中随机抽取一张, 给同学们介绍。讲解描述景点景观时我们可以从这几个方面来介绍: 1)This is… This is Beijing. 2)It's+方位/形容词…… It's big and famous. It's in the north of China. 3)It has got about+人口数量 It has got about 20 million people. 4)There is… There is a Great Wall. It's long and old. 5)There are… There are lots of tall buildings. 6)…
独立内化 (6分钟)	按顺序、按要求自己完成任务单上的练习题, 有困惑的地方要及时标出来。

续表

	教学过程
小组讨论 (7分钟)	请同学们将自己的任务单在小组内交流一下，每一位同学都要将自己的学习过程、收获或疑惑讲给大家听。只要开口交流，就给自己画上一个大大的笑脸。
师生对话 (6分钟)	1. 请几位同学跟大家讲一讲任务单(1)上的题，大家认真倾听，之后有不同意见的同学可以提出来，我们共同交流。 2. 课堂小结：本节课我们学习了几个专有名词景点的表达方式，复习巩固了there be句型以及如何描述景点特征。注意首字母的大写，there be句型中be动词的单复数和名词要对应起来。描述景点的时候可以结合我们第一模块所学的内容以关及描述景点景观的形容词和there be句型。读万卷书，行万里路，让我们假期的时候多出去看看我们祖国的大好河山吧。 3. 同学们能对自己的学习情况进行反思总结，及时表达出自己的不同意见，老师为你们点赞！ 4. 布置作业： 1) 准确流利朗读课文。 2) 任务单2 介绍家乡或喜欢的景点，不少于6句话。 (This is… It's… It has got about… There is… There are…)
板书设计	M2U2. There are lots of beautiful lakes in China. the Huangshan Mountain　　There is a famous mountain in Anhui. the Changjiang River　　There are many mountains in China. the West Lake　　There are lots of beautiful lakes in China. the Great Wall

There are lots of beautiful lakes in China 任务单(1)

一、选词语填空，并将填好的完整句子正确流利朗读。

A. The Great Wall　　　　B. The Huangshan Mountain

C. The Changjiang River　　D. The West Lake

E. Chinatown

1. _____ is very long.

2. _____ is very beautiful. It's in Hangzhou.

3. I want to visit _____ . It's high and famous. It's in Anhui.

4. There is a _____ in New York.

5. _____ is old and strong.

二、将下列句子翻译成英语，并正确流利朗读。

1. 在中国有很多山。

2. 在安徽有一座著名的山。

3. 在中国有许多漂亮的湖。

4. 这是著名的长江，它有 6000 千米长。

三、从小组的信封中，抽出一张城市或景点卡片，根据所学知识进行描述。不少于 6 句话。

四、反思与提问

1. 通过以上的学习，我最大的收获是什么？

2. 我想考考同伴的问题是：

3. 在今天的学习中，我的困惑是：

There are lots of beautiful lakes in China 任务单(2)

运用 there be 句型以及所学过的知识，介绍家乡或喜欢的景点，不少于 5 句话。(This is… It's… It has got… There is… There are…)

_____

_____

_____

_____

_____

_____

_____

教学反思:

　　本模块是外研版(三年级起点)六年级上册第二模块的内容，重点是让学生理解 There be 句型以及能在实际生活中应用。分三课时完成。第一课时主要是讲授单词和本模块的重点句型的初步运用。第二课时和第三课时是对本模块句型的深入理解和迁移运用。学完本模块，学生能用 There be 句型对图片中和现实生活中的场所景点等进行描述。

第一课时我采用了两次对分，第一次对分主要讲解本模块重点单词 Chinatown，dancing，sometimes，shop，then，strong. 通过合成词法等讲授单词，以旧带新，通过任务单上朗读单词和根据句意及首字母填写单词情况来看，学生完成情况较好。第二次对分主要讲授了本模块的重点句型"There be"句型。There be 句型在四五年级有过初步的接触，本次讲授主要是归纳总结了其用法并通过描述身边的教室等进行拓展运用。第二次独学两个任务，一个是考查 there be 句型中 be 的掌握情况，孩子们在做题时，我下去转的过程中，发现第 3，6，10 小题个别同学存在问题。不可数和 some 变 any 掌握的还不够。在接下来的小组讨论中，我着重听了几个小组对这几个题的讨论，通过小组的交流，做错的同学改正过来了。任务二为借助图片，用 there be 句型对单幅图片进行描述，孩子们讨论的比较激烈，从不同的角度对图片进行了描述，存在的问题是当站起来表达时，复数的物品能想到用 there are，但是名词忘变成复数。还需要接下来的巩固练习。本课时的作业为运用 there be 句型，根据课堂上对"My Classroom"的练习，以"My School"为题，介绍一下学校或理想中的学校。不少于 5 句话。是隔堂对分。

第二课时上课从小组讨论作业 My School 为起点，学生们小组交流 My School。师生对话环节展示并指出问题。接下来进行本课时的精讲，主要是对课文进行讲解，课文活动一和活动二中的主要句型为 there be 句型，本课时在第一课时的基础上进行深入的理解和巩固。学完课文后，学生能够正确流利读出课文中的 there be 句型的句子，在描述图片时也从单幅图片的描述到一幅完整的场景图的描述。从基础理解到迁移运用。本课时的作业为描述图片中的卧室或真实的教室，为分层作业。描述卧室场景图片相对简单，描述自己的真实卧室略有挑战性。学生们根据自己的学习情况选择任务。这样在交流时，每个小组成员都能开口交流，而不是优生的一言堂。经过长时间的训练，孩子们的语言表达能力都会有不同程度的提高。

第三课时主要是运用 there be 句型以及第一模块和五年级学过的描述特征的词汇和句型介绍城市，景点或家乡。在前两个课时对 there be 句型的巩固和迁移运用下，学生的目标达成度较好。

运用对分课堂，目标更加清晰，学习更加聚焦，训练更有针对性。学什么就练什么，并在练习的基础上有所提升与心得思索。

学生从学(精讲)，到用(独学)，到互学(小组讨论)，到提升(师生对话)，再到课后的独立练习(复习，巩固)一步一步提高能力。

(本案例由山东省潍坊市坊子区实验小学周丹丹老师提供)

2. 六年级英语复习课对分课堂教学设计

年级	六	学期	上	版本		外研(三起)		单元	复习课
课题	Travel around the world					课时设计		1 课时	
学习目标				评价标准			评价任务		评价时间
能准确认读并运用景点名称				快速准确认读并使用。			任务单(1)		当堂
能用 It's +形容词以及 There be 句型等描述景点特征				正确使用形容词和 be;能借助图片准确描述。			任务单(2) 二		当堂
能正确使用 will 和 be going to 制定自己的寒假旅行计划。				能写出符合语法规则的小短文			任务单(2)		当堂
重点	将来时 will 和 be going to 描述将要发生的事情和计划做的事情								
难点	描述景点的特征(一般现在时态)								

教学过程

精讲留白(6分钟)	一、复习讲授景点名称及特征: There are lots of beautiful and famous places in the world. What are they famous for? Let's have a look. First, let's travel to China. (图片出示景点名称及描述,告诉学生描述景点特征和特色是用一般现在时) This is the Great Wall. It's long, old and strong. It's more than twenty thousand kilometres long. This is the West Lake. It's in Hang zhou. It's very beautiful. There is a legend(传说)of a white snake. This is the Changjiang river. It's long and famous. It's more than six thousand kilometres long. This is the Huangshan Mountain. It's in Anhui. It's very high. This is Guilin. There are lots of mountains and lakes in Guilin. Now let's travel to the US. This is New York. It's in the east of the US. It has got 8 million people. There is a Chinatown and a UN building in New York. Now let's travel to the UK. This is the London Eye. It's very high. It's a big and round wheel.
独立内化(3分钟)	按顺序、按要求自己完成任务单(1)上的练习题,有困惑的地方要及时标出来。

教学过程	
同桌讨论 (2分钟)	同桌两人交流讨论。
师生对话 (2分钟)	强调易错点
精讲留白 (6分钟)	1. The winter holiday is coming. We can travel to these famous and beautiful places. Before we travel，we should make a travel plan. 要明确去哪（where），怎么去（how），和谁一起去（who），去做什么（what），同学们要围绕这几个方面写出句子，然后按照顺序组合在一起。 2. 计划和打算是我们还没有做的事情，我们要用一般将来时，一般将来时的两个基本句型是：will+动词原形（将要） be going to +动词原形（计划，打算） 3. 老师说句子，学生们一起用英语来表达，巩固将来时句型。 例如：我将要去海南。我将乘飞机去海南。我将和我的父母一起去海南。我打算有用和拍照…… 4. 出示老师的寒假旅行计划例文。（教师提前写好一篇例文，体现了刚才讲授的要点，出现在 PPT 上，让学生读一下，然后再做任务单，开始写作。）
独立内化 (7分钟)	完成任务单2 完成作文后，自己读一读并按照标准进行自评。
小组讨论 (7分钟)	小组长组织，每个同学轮流读自己的作文。 帮助同组的同学修改不会描述的句子
师生对话 (7分钟)	1. 请几个小组长汇报本组的交流讨论情况，本组哪位同学写的好的句子，本组不太会写的句子。 2. 拍2~3名同学的作文大屏幕展示，全班一起读和交流。 3. 总结：写关于旅游计划的常用句子和时态。
布置作业	根据小组交流讨论给出的意见和建议来完善自己的作文。
教学反思	

任务单(1)

按要求完成下列各题，根据句意及给出的汉语提示填空。不会的用红笔做出标记。

1. Kunming is a _____ (漂亮的) city. We can go there by _____ .

2. The famous Yellow River is more than 5,000 kilometres _____ .

3. There _____ a beautiful lake in Qinghai. There _____ lots of mountains and lakes in Guilin.

4. The Great Wall is _____ (又长又古老).

5. The London Eye is _____ and _____ .

6. _____ (上海非常大而且非常有名)。

7. 用一句话描述你最想去的景点的特征。

_____

任务单(2)

寒假就要到了, 你打算去哪里游玩呢? 请以"My Travel Plan"为题写一篇小短文。

要求: 1. 至少写出 6 个句子。

　　　 2. 完成后通读并完成自评。

_____

_____

_____

_____

_____

我的自评:

评价内容	等　级
句子数	☆ ☆ ☆
标点及书写规范	☆ ☆ ☆
题目是否居中, 是否有首尾句	☆ ☆ ☆
内容是否完整	☆ ☆ ☆
条理清晰, 意思连贯	☆ ☆ ☆

小组综合评价:

(本案例由山东省潍坊市坊子区实验小学周丹丹老师提供, 案例答案可发邮件至 1500913283 @qq.com 索取。)

第二节　初中英语对分教学案例

本部分主要包括基于对分课堂设计的词汇前置备课单及任务单；听说备课单及任务单；阅读备课单和任务单；语法备课单及任务单；写作备课单及任务单；中考阅读专题备课单及任务单。

1. 对分课堂词汇前置备课单

年级	九	学期	第一	教材版本		人教版		课型		新授课
课题	Unit 9 I like music that I can dance to.				课时设计		第 1 课时（本单元共 6 课时）			
学习目标				评价标准				评价任务		
能够在语境中，正确使用本单元重点单词和短语。				根据语境，能用单词的正确形式填空；知道单词短语的汉语意思。				任务单 4 个任务		
学习派生法部分构词规则，判断词性，记忆单词。				根据单词的前缀、后缀判断其词性、词义。				任务一、三		
重点	语境中重点单词及短语的运用。（prefer…to…，stick to） ② 派生法前缀、后缀构词规则（un-，in-，im-，-ness，-ance，-ian，dis-）。									
难点	重点单词、短语在语境中的用法和搭配。									
教学环节	第一轮当堂对分									备注
教师精讲 （8分钟）	Play a song *Country Road* before class. Ss sing along with it. **Step 1：Warm up** T：What a beautiful song! I really like music that we can sing along with. And I also like music that we can dance to. For example，*Yes*，*OK*! Today，follow me! Let's enter the world of music. Are you ready? Ss：Yes! TT：Go，go，go! **Step 2 语境串词（23 个单词，3 个短语）　（10 mins）** **Topic 1：music　场景：Voice of China** T：First，music. Wow，Voice of China. Wow! So what kind of music do you like?									

教学环节	第一轮当堂对分	备注
教师精讲 （8分钟）	预设：Ss…pop music/rock music/country music/folk music T：You know what? Qian Tianyu likes pop music better. That means, …Qian Tianyu prefers pop music. And Wang Hanxue prefers music that has great lyrics. Why? When she is unhappy（down）, it can cheer her up. And it can take her sadness away. So in her spare time, she often listens to lots of music（plenty of music）. **Topic 2：movies　　场景：电影院 cinema** T：Now, let's go to the cinemas. So what kind of movies do you like? 预设：Ss… T：I guess Sun Rongprefers comedies to action movies. Because comedies have funny dialog and usually have a happy ending. When he watches a comedy, he can just shut off his brain, sit back without thinking too much. When Ao Jiakang is sad or tired, he doesn't want to watch dramas or documentaries. （语法点 1：prefer … to …） Once in a while, He Juncheng watches war movies, for example, The battle at Lake Changjin. It has the most moving dialogue. And the director is Mr. Chen Kaige. One of the most famous actors is Wu Jing. In order to perform very well, he works really hard. He sticks to acting all by himself. So there are many wounds in his body. （语法点 2：stick to） Yes, just because hesticks to acting all by himself, he has many wounds I suppose they must be quite painful. So, he is really a master in acting, and people praise him a lot. He is a superhero. Now can you fill in the blanks of what we've learned just now?	
独学内化 （6分钟）	1. Exercise：Ss do the Task 1. （4mins） 2. Show the answers on the screen and ask Ss to read the passage in Task 1.	
师生对话 （1分钟）	1. Show the answers on the screen directly. 2. Answer Ss'questions. 预设：dialogue 的复数形式和拼写	

续表

教学环节	第二轮当堂对分	备注
精讲留白 （5分钟）	**构词法-派生法：前缀、后缀** **形容词否定前缀 un-, im-, in-，名词后缀-ness，形容词/名词-ian/-an** T：接下来，要跟大家分享英语的构词法之一——派生法，即在一个单词前或后加一个词缀，构成一个新词。加在前面的词缀叫做前缀，加在末尾的词缀叫做后缀。 PPT show the two words：unusual sadness T：So do you know the meaning of "unusual" and "sadness"？ 由此我们可以知道，前缀改变的是—— Ss：词义。 T：后缀改变的是—— Ss：词性。 T：接下来我们首先来看形容词的否定前缀： **派生法 1：unusual** 形容词否定前缀｛ un-｛unlucky / unfair｝ im-｛impossible / impolite｝ in-｛inexpensive / indirect｝ **派生法 2：sadness**　　　　**派生法 2：Australian** 后缀｛ -ness｛kindness / shyness / happiness / smoothness｝ -ance｛appearance / performance｝　　后缀— -ian/an｛Asian / American / European / Canadian｝ 希望大家在在日常学习中勤动脑、多思考，善于发现，善于总结，能够有效降低记忆单词的难度，能够去辨别词性、猜测词义，提升英语学习水平。	
独学内化 （6分钟）	Task 2，3，4 and 5.	

续表

教学环节	第二轮当堂对分	备注
小组讨论 （5分钟）	1. 四人一组，小组长组织各成员参与其中； 2. 小组成员互相核对答案，组内同伴互助讲解。 3. 小组成员	
师生对话 （4分钟）	1. 各小组代表进行提出难点； 2. 教师进行点评和补充； 3. 针对于任务五，大屏、点评展示学生写作。 　　※预设：补充语言点： ① prefer to do sth. rather than do sth. ② prefer 过去式-preferred ③ be supposed to do sth. 应该做某事 ④ dialog 不可数/可数名词 　　painful 令人痛苦的主语是物，不能是人	
课后作业	By using the new words： Group A：Make 2 sentences Group B：Make 4 sentences Group C：Write a short passage	
板书设计	Unit 9 I like music that I can dance to. 　　　　　Words and Expressions 1. prefer A to B　　　　　　　　　　　Derivation 　① prefersth. To sth.　　　　　　　　1. un- 　② Prefer doing sth. to doing sth.　　2. -ness 2. stick to sth./doing sth.　　　　　　3. -ian/an	
教学反思	我上的是第九单元的第一节课：词汇前置课，这是张校指导我们开创的一个新的课型，目的为了更好得开展本单元的教学，根据本单元的话题，设置场景、情境将本单元的单词进行串词，即将单词放在具体情境的句子当中，让学生感受、学习单词在语境中的运用。同时也要向学生教授方法、规律，努力帮助学生轻松学习英语，提升英语成绩。	

续表

教学环节	第二轮当堂对分	备注
教学反思	我本身也是教学新手，对于这样先进的理念下的这样崭新的一个课型，一开始完全不知道该从哪下手，感谢张建英校长的悉心指导，感谢我们九年英语组姐妹们的全力相助，特别是我们组长边志华老师，把她的上课思路全部都告诉了，而且帮我改进每一个不足之处。 　　本节课重点是让学生学会在语境中运用单词和短语，所以教读单词在课前已完成，这也正好是本节课的不足之处，未呈现教读单词、学生自读单词环节。我最后一个任务是写一篇关于你最喜欢的歌曲或电影，这个环节大概用了11分钟，也应该删去，腾出时间来改为教读单词，或设置为用今天所学的单词造句。 　　词汇前置课型的尝试拓宽了我的视野，对于我自己来说对本单元的知识系统的掌握更加了然于心，对我接下来我上课的呈现的流畅肯定会有很大帮助，孩子们有了这节课的知识铺垫，整个单元的学习也会变得相对轻松熟悉。 　　现在回看这节课，一门心思想打造得很完美，太过于注重形式，于是落到实处的东西就相对少了一些。英语这门学科让孩子们感到最头疼的是背单词，所以在每一个单元的第一节课-单词前置课中，应该首先解决如何去教单词？如何教孩子们科学地记忆单词？那就要研究探索出词根的系统教学法，逐步培养孩子根据读音就能写出单词的能力。	
作业批改及反馈记录		

词汇前置课任务单

学生姓名：　　　　　所在班级：　　　　课题：I like music that I can dance to

Task 1　刚才上课老师讲了什么？请写出你所记住的主要内容。

Task 2　Fill in the blanks.

Wang Hanxue 1. **p** _____（更喜欢）music that has great **lyrics**. When she is **down**, it can cheer her up. And it can take her 2. **s** _____(悲伤) away. So in her 3. **s** _____(空闲的) time, she often listens to **plenty of** music.

Sun Rong **prefers** comedies **to** action movies, because comedies have funny 4. **d** _____(对白). **Once in a whie** He Juncheng watches 5. **w** _____(战争) movies, for example, *The Battle at Lake Changjin*(长津湖). And Mr. Chen Kaige is the 6. **d** _____(导演). In this movie, one of the most famous actors is Wu Jing. In order to 7. **p** _____(表演) very well, he works really hard. He always 8. **s** _____ to(坚持) acting all by himself no matter how dangerous it is. So there are many 9. **w** _____(伤口) in his body. He is really a **master** in acting, and people 10. **p** _____(赞赏) him a lot.

Task 3 【基础题】根据句意及汉语提示填写单词。

1. Yuan Longping's death brings us great _____(悲伤).

2. The pen writes _____(顺滑地).

3. He was _____(表扬)by the teacher.

4. It is _____(令人痛苦的)for me to get up early.

5. What a _____(遗憾)! You can't come to my birthday.

Task 4 【基础题】完成句子。

1. 我们有大量的时间去阅读。

   We have _____(大量)time to read books.

2. 我们班总共有 40 个学生。

   There are forty students _____ in our class.

3. 看电子书有害于我们的眼睛。

   It's bad for our eyes to read _____ books.

Task 5 【拓展题】短文填空(用方框中单词的适当形式填空)。

perform	direct	one	superhero	prer

In my spare time, I prefer dancing, but Qin Tianyu 1. _____ singing. What's more, he has his own band. The name of his band is *Super Boys*. Their 2. _____ is always exciting. They are very popular with the students in our school. I will also watch them practicing singing 3. _____ in a while. How cool they are! Sooner or later(迟早有一天), I believe that they will be invited by the 4. _____ of CCTV's Spring Festival Gala(春晚). Only then will they be the true 5. _____.

Task 6　【微写作】Write a short passage about your favorite music or movie.【提升题】

Tips(参考句式)：My favorite music /movie is…

　　　　　　　When I listen to/watch it，I feel…/I like it because…

　　　　　　　It tells us that…/It makes me…/It encourages me to…

　　My favorite movie/music is ＿＿＿＿＿＿＿＿＿＿＿＿＿＿＿＿＿＿＿＿ .
When I listen to/watch it，I feel very ＿＿＿＿ . It can make my ＿＿＿＿（悲伤）go
away. In my ＿＿＿＿ time，I often ＿＿＿＿ . I really like ＿＿＿＿＿＿＿＿＿＿＿
＿＿＿＿＿＿＿＿＿＿＿＿＿＿＿＿＿＿＿＿＿＿＿＿＿＿＿＿＿＿＿＿＿＿＿＿＿
＿＿＿＿＿＿＿＿＿＿＿＿＿＿＿＿＿＿＿＿＿＿＿＿＿＿＿＿＿＿＿＿＿＿＿＿＿
＿＿＿＿＿＿＿＿＿＿＿＿＿＿＿＿＿＿＿＿＿＿＿＿＿＿＿＿＿＿＿＿＿＿＿＿＿

附：

名词 n. (8个)	lyrics ['lɪrɪks] dialog ['daɪəlɒg] sadness ['sædnəs]	director [də'rektə(r)] documentary [ˌdɒkju'mentri] pain [peɪn]	war[wɔː(r)] drama['drɑːmə]
代词(1个)	plenty ['plenti]		
动词 v. (7个)	prefer [prɪ'fɜː(r)] reflect [rɪ'flekt]	suppose[sə'pəʊz] perform [pə'fɔːm]	stick[stɪk]　shut [ʃʌt] recall [rɪ'kɔːl]
形容词 adj. (5个)	electronic [ɪˌlek'trɒnɪk] intelligent [ɪn'telɪdʒənt]	smooth [smuːð] painful['peɪnfl]	down [daʊn]
兼词 (8个)	Australian(adj./n.) [ɒ'streɪliən] sense(v./n.)　　[sens] total(adj./n.)　　['təʊtl] praise(v./n.)　　[preɪz]	spare(adj./v.)[speə(r)] pity(v./n.)　['pɪti] master(v./n.)['mɑːstə(r)] wound(v./n.)[wuːnd]	

(说明：词汇前置课备课单和任务单主要部分由培文·陕西大柳塔一中刘瑞老师提供。)

2. 对分课堂听说课备课单

年级	八	学期	第一	教材版本	人教版	课型	新授课
课题	Unit 9 Have you ever been to a museum? Section A（1a-2c）			课时设计		1 课时（本单元共 6 课时）	

学习目标	评价标准	评价任务
1. 学生能够识读并熟知下列单词和短语：amusement park, science museum, space museum, nature museum, history museum, art museum, concert mall	学生能准确地在语境中选用重点单词、短语。	齐读 1a
2. 学生知道并会用听前浏览技巧分析题目，预测所填内容。	学生能圈出关键词，听懂并获取用现在完成时谈论是否去过某地的表达，并在听力中得到验证。	Task 1 Task2
学生能用下列句式与他人谈论去过某地。 A：Have you ever been to…? B：Yes, I have. ／No, I haven't. A：Let's go to… B：All right. ／OK. A：How are we going to…? B：We are going to…by…	能正确使用现在完成时谈论过去的经历(是否去过某地)	Task 3 Task4

重点	① 能在听前浏览并分析题目，预测所填内容的听力技巧。② 能正确使用现在完成时谈论过去的经历(是否去过某地)。
难点	能正确使用现在完成时谈论过去的经历(是否去过某地)。

教学环节	第一轮当堂对分	备注
精讲留白（6mins）	**Step 1：Lead in** T：Look！What's this? It's the Ordos Museum. I have ever been to the Ordos Museum, and I think it's really interesting. So, have you ever been there? **Step 2：Presentation** T：Today, we are going to learn Unit 9. Can you read the title together? Analyze "ever, have been to, tense" from the title. We are going to talk about museums, and we all know there are many kinds of museums, like history museum, science museum and what else?	

续表

教学环节	第一轮当堂对分	备注
精讲留白 （6mins）	Lead Ss to read the name of museums together. （science museum, history museum, art museum, nature museum, space museum）如果有发音问题，及时纠正。 T：Visiting museum is really fun for us, and there are also other interesting places such as（amusement park, concert hall, water park, zoo） Show a picture and lead Ss to know the basic structure -Have/Has+S. + ever been to…? -Yes, S. +have/has. /No, S. +haven't/hasn't. I haveever been to … I havenever been to… Now, Let's move on 1b. Lead Ss to go through the chart. T：We have two new friends. One is Claudia, and the other is Sarah. They are talking about museums they have ever been. And there are five museums, What are they? If you heard that Sarah has been to the museum, just Check it.	
独学内化 （3mins）	Task 1：Finish 1b.	
师生对话 （2mins）	1. 用 Has they ever been to s. p. 句型询问学生是否有听不懂的地方，如果有，再次播放录音精听并解释清楚。 2. 解释 Me neither＝Neither have I；Me, too＝So have I	

第二轮当堂对分

精讲留白 （3mins）	**Step 3：Presentation** T：Teach some listening skills. Look at the title first. We should listen and circle T for True and F for False. And before listening, what should we do? First, we should read quickly, and then circle the key words. And then, we should get the tense and meaning of each sentence. And while listening, try to underline the wrong places. 引导学生说出每个句子的时态和大意。	

教学环节	第二轮当堂对分	备注
独学内化 （3mins）	Task 2：Finish 2b. 1. Circle the key words and get meaning of each sentence. 2. If it is false, please correct it.	
小组讨论 （2min）	1. Check the answers in groups. 2. If it is false, please correct it.	
师生对话 （2mins）	询问学生是否有听不懂的地方，如果有，播放录音让学生跟读听力材料精听并解释清楚。	

第三轮当堂对分

精讲留白 （5mins）	**Step 4　Conversation** 　　T：Boys and girls, if you want to go somewhere different with your friends now, how to talk about with your friends. 　　T：At first, we can ask others what places they have ever been. 　　A：Have you ever been to…? 　　B：Yes, I have. 　　　　No, I haven't. 　　T：Then we can make a decision together. 　　A：Let's go to… 　　B：All right / Ok. 　　T：Finally, we can choose the transportation. 　　A：How are we going to…? 　　B：We are going to…by…/We are going to take the subway.	
独学内化 （5mins）	1. Finish Task 3 2. Finish Task 4：Make up your own conversations.	
小组讨论 （5mins）	Practice the conversation with your partners fluently.	
师生对话 （4mins）	Invite two groups to share the conversation for the whole.	

教学环节	第三轮当堂对分	备注
板书设计	**Unit 9 Have you ever been to a museum?** **Section A（1a—2c）** -Have/Has+S. + ever been to s. p.　　　A：Have you ever been to…? -Yes，S. + have/has. Me, too/So have I　　B：Yes, I have. /No, I haven't. 　　　　　　　　　　　　　　　　　　　A：Let's go to… -No，S. +haven't/hasn't. -Me neither/Neither　B：All right. /OK 　have I never　　　　　　　　　　　　　A：How are we going to…? 　　　　　　　　　　　　　　　　　　　B：We are going to…by…	
作业布置 （分层）	A 组：Do a report about the places they have ever been. （程度较好） B 组：Make a conversation about places they have ever been. （程度中等） C 组：Recite Task3（程度较弱）	
教学反思	新入职教师的第一节公开课后，与其说是霎那间肩上的担子轻了，还不如说那仅仅是刚刚开始。 　　我深深地感受到"地表最强"英语组天团的力量，我敬佩她们精益求精的教研精神，也感激她们严格又温暖的倾囊相授。陪伴是最长情的告白，丰老师从我的十节实践课开始到最后一节组内公开课结束，一直为我协调安排，听课评课，倾心指导；刘瑞老师和边志华老师的眼睛就是一把尺，将我磨课时的所有细节都一一记录下来，A4 纸大的听课记录本满满当当的，小到从每一句指令的修改、课件的字体调整，大到对每一个教学流程的润色。在前前后后几次的磨课中，英语组的老师们不断听课评课，给我提出了很多宝贵的建议。大家倾心的指导，思想的碰撞，都是为了给予这堂课无限的精彩。 　　磨课的过程，是"否定之否定"螺旋上升的过程，是一个"宝剑锋从磨砺出"的过程。四环节对分课堂，不仅仅是课堂的改革创新，对于授课者的我来说，也是一次提高教学能力的过程。四十分钟的课堂时间，如何做到教师"应教尽教"，学生"学好学足"，如何为学生创造出四十分钟的高效课堂，是值得我一直深思的问题。 　　要做好精讲，首先就要研究教材，吃透教材，明确应该教给学生什么。这次公开课我选择了听说课。初次备课时，我将教学重点放在了重点句型-Have you ever been to s. p.？Yes, I have. /No, I haven't. 的结构上，但我对句子结构进行了过于细致的语法讲解，导致第一次试课后，精讲设计偏向了语法课，没有给孩子充分的听说训练。于是在各位英语组老师的帮住下修改了对	

续表

教学环节	第三轮当堂对分	备注
	这一句型的讲解设计，让学生们自己代入语境角色，引导他们自己说出这些句型，既能给后面的听力训练降低了难度，也让孩子们理解的更深。同时，听说课的两大精髓："听"和"说"，"听"要引导学生听懂材料内容，捕捉重点信息，在各位老师的建议下，我先给孩子们做了示范，引导他们如何高效的捕捉有用信息，效果是显著的。"说"要引导孩子们能举一反三，能运用基本句型，丰富对话内容并创编新的对话，但是如何能更开放的引导学生开展话轮，注入自己的思想，还需要继续探究摸索。	
教学反思	要让学生"学好学足"，任务单尤为关键。前前后后几次磨课，听从老师们的建议后，任务单也改了好几版，只为最后学生能学会学懂学精。初备时，我对教材内容做了修改，将听力题目改编成了贴近中考的题型，但是却疏忽了对学生们循序渐进的引导，题目偏难导致改编失去了它原本的意义。今后在做题目的设计时，要充分结合学情，给学生量身定做配套任务。其次，课堂指令一定要清晰，要让学生清楚地明白此刻他们需要完成什么，这样才能更高效的完成本节课的任务。 　　一遍遍的磨课，是不断成长的过程；要上一堂好课，是毛毛虫破茧成蝶的过程。不断地否定，不断的创新，周而复始，才能一步一步的靠近心目中的要求。 　　从备课磨课过程中的充实，到课后沉静下来的反思沉淀，我享受其中的每一个瞬间，这是我专业成长中的又一段值得纪念的美好时光。教育之路，道阻且长，我会在在未来的日子里不断磨练自己，努力做一名优秀的英语教师！	
作业批改及反馈记录		

对分课堂听说课任务单

学生姓名：　　　　　所在班级：　　　课题：Unit 9 Section A（1a-2c）

Task 1：**Finish 1b. Listen and check the boxes.**（课本 P 65）

Task 2：**Finish 2b. Listen and write T for true or F for false.**（课本 P66）

Task 3：**Complete the conversation**

A：Hi！Bella. I'm bored. Let's go somewhere different today.

B：That sounds great.

A：Have you ever been to _____?

B：_____. I have ever been to a science museum. _____.

A：_____?

B：No，I haven't. How about you?

A：_____. I have never been to a history museum.

B：Let's go there together tomorrow.

A：OK. _____?

B：Let's take the subway.

A：_____.

B：See you.

Task 4：参考 Task3，创编对话

Task 5：我的学习反思

1.【亮闪闪】通过以上学习、我感受最深、收获最大的是？

2.【考考你】哪些知识自己理解/有好的学习方法，在任务旁用红笔标注，考考别人会不会？

3.【帮帮我】哪些知识自己不理解/不会翻译的句子，在任务旁边用红笔标注，让别人帮一帮？

（说明：听说课备课单和任务单由培文·陕西大柳塔一中边小婷老师提供）

3. 阅读课对分课堂备课单

年级	八	学期	第一	教材版本	人教版	课型	新授课
课题	Unit 6 I'm going to study computer science. （Section B 2a-2d）			课时设计		1 课时 （本单元共 6 课时）	
学习目标			评价标准			评价任务	
1. 通过凝缩的方法能读懂文章。			①能找出或概括出关键句。 ②说出文本结构。			任务单一、二	

学习目标	评价标准	评价任务
2. 根据上下文，对文章的长难句有较精准的理解。	能对文本中的长难句正确断句，找出关键词	任务单三
重点	凝缩的方法和文本结构和大意。	
难点	凝缩的方法和文章的长难句意思。	

教学环节	第一轮当堂对分	备注
教师精讲 （10分钟）	**Step1：Warm-up** Show a video and ask students：what are these children are talking about? Ss：New Year's resolutions Step2：Read and analyse. T：Today we are going to read a passage about resolutions. Today I will teach you a new reading skill. Do you want to learn? Ss：… 它叫"凝缩法"，通过这种方法，大家可以更好地，更精准地猜测，对文本进行合理推理，从而读懂文本。 所以第一步就要对文本进行删减，通过删减文本中不必要的信息，留下关键信息；第二步将这些关键字词连接成句子，第三步，把重复的关键词继续通过删减，进一步整合信息，就可以迅速而精准地得到文本信息。（口诀：一删二连三整合） 那么如何删减？哪些是不必要的信息？ 例如：删掉描述性的词语 of 短语① Do you know what a resolution is? ② It's a kind of promise. 状语从句 ③ Most of the time, we make promises to other people. for example 后面的句子等，而保留句子的主语、谓语 （Mom, I promise I'm going to tidy my room when I get back from school.） 以及 however 后面的句子和主题句。 ④ However, promises you make to yourself are resolutions，and the most common kind is New Year's resolutions. 二连：把剩下黑色字体让学生连起来，越简洁越好。	

续表

教学环节	第一轮当堂对分	备注
教师精讲 （10分钟）	what a resolution is? It's a promise. we make promises to other people. Promises you make to yourself are resolutions 三整合：A resolution is a promise you make to yourself. Then ask ss to summarize the method At last let ss analyse the second and third para by using the method.	
独学内化 （8分钟）	学生完成任务单一、二。	
小组讨论 （5分钟）	(1)四个人一组，小组长组织各成员参与其中； (2)小组成员互相核对答案，程度好的同学给程度较弱的同学进行讲解。	
	第二轮当堂对分	
精讲留白 （5分钟）	同学们，有时候一个句子特别长，今天我教大家一个方法，如何长难句断句. 1. 找标点。 2. 找主谓。 3. 找连词 or，and，确定关系。 Some people might say/ they are going to take up a hobby/ like painting or taking photos/, or learn to play the guitar. When we make resolutions at the beginning of the year/, we hope/ that we are going to improve our lives. Then ask us to summarize the method.	
独学内化 （5分钟）	学生完成任务单三	
小组讨论 （3分钟）	(1)四个人一组，小组长组织各成员参与其中； (2)小组成员互相核对答案，程度好的同学给程度较弱的同学进行讲解。	

教学环节	第二轮当堂对分	备注
师生对话 （3分钟）	询问每组中成员的困惑	
板书设计	Unit 6 I'm going to study computer science. Section B 2a-2d 阅读方法："凝缩法"　　　　长难句断句方法： 技巧：一删　　　　　　　　1. 找标点 二连　　　　　　　　　　　2. 找主谓。 三整合　　　　　　　　　　3. 找连词 or，and ，确定关系。	
课后作业	AB组：任务单七选五　　　　C组：抄写第二段并选两句去翻译。	
教学反思	本节课能运用多媒体课件进行辅助教学，以"歌曲"的形式导入话题，为学生进行话题的讨论提供了形象生动的画面。阅读过程中设计的题型，紧扣中考，与学生的平时的难点联系。题型由易到难，环环相扣。让中下等学生有更多开口的机会，讨论的机会。 　　本节课的亮点是我用一种新的阅读方法"凝缩法"讲解，两个班学习程度不同的原因，5班学生接受起来较容易，也可以运用这种方法去练习，孩子们对新的方法也感兴趣，6班孩子们接受起来较慢，需要一定的时间来消化，但是让他们知道做阅读的新方法，新思路。 　　本节课的不足之处：课堂刚开始，孩子们有些紧张，放不开。主要就是由于老师给孩子们一种紧张的氛围。课堂评价语应该更加丰富一些。同时由于是第一次用，不能得心应手，在时间的把控上有些不足，需要在今后的教学中打磨好每一节课。认真钻研课标，教材等。 　　PS 　　"凝缩"法经过一段时间的实践我想把我的所思所想与大家分享。 　　第一次有"凝缩"法的概念，是来源于张建英校长的指导；这种方法不同于传统的"读前，读中，读后"，它是一种能力的培养。阅读文本的目的是获取信息，从而整合信息和输出信息。阅读能力就是快速并精准地获取文本信息的能力，文本中会有生词、长难句，所以"凝缩法"第一步就要对文本进行删减，通过删减文本中不必要的信息，留下关键信息；第二步将这些关键字	

续表

教学环节	第二轮当堂对分	备注
教学反思	词连接成句子，第三步，把重复的关键词继续通过删减，进一步整合信息，就可以迅速而精准地得到文本信息。那么尤其是在教师精讲部分，教师就要知道该讲什么？哪些是重难点，哪些是易错点，考点。首先教师会讲，学生才能跟着老师的思路与方法学习。 我课后问了一些学生的感想：她们觉得新的方法更有助于阅读技巧的提升，这种方法会让她们的能力提升的更快。这种方法尤其在阅读较难文章的时候，就会尤为突出。我在给学生们讲解比较难的文章的时候，通常都会用到"凝缩法"，这种方法不仅仅提高做题的正确率，而且还大大降低了文本的难度。 基本讲英语阅读课老师们用传统的方法居多，但如果你讲的方法与其她老师不同，第一可以提升学生们的积极性；第二可以让学生们对你刮目相看；第三学生们会越来越喜欢你，那么也就越来越喜欢上你的课。 "凝缩法"的运用，学生们在做阅读理解题时，更迅速，正确率也更高。"授之以鱼，不如授之以渔"我希望我可以多去尝试更多新的方法，新的思路，这样子学生们会学到更多。	
作业批改及反馈记录		

对分课堂阅读课任务单

学生姓名：所在班级：　　　　课题：Unit 6 I'm going to study computer science.

Task 1 刚才上课老师讲了什么？请写出你所记住的主要内容。

Task 2 & Task 3 请运用凝缩法完成这两个任务。

Do you know what a resolution is? It's a kind of promise. Most of the time, we make promises to other people. (Mom, I promise I'm going to tidy my room when I get back from school.) However, promises you make to yourself are resolutions, and the most common kind is New Year's resolutions. _____ When we make resolutions at the beginning of the year, we hope that we are going to improve our lives. Some people write down their resolutions and plans for the coming year. This helps them to remember their resolutions. Others tell their family and friends about their wishes and plans.

There are different kinds of resolutions. Some are about physical health. For example, some people promise themselves they are going to start an exercise program or eat less fast food. Many resolutions have to do with self- improvement. _____ Some people might say they are going to take up a hobby like painting or taking photos, or learn to play the guitar. Some resolutions have to do with better planning, like making a weekly plan for schoolwork. _____.

Although there are differences, most resolutions have one thing in common . People hardly ever keep them! _____ Sometimes the resolutions may be too difficult to keep. Sometimes people just forget about them. For this reason, some people say the best resolution is to have no resolutions! How about you- will you make any next year?

Task 2

Match each paragraph [1-3] with its main purpose below.

_____ To question the idea or making resolutions

_____ To give the meaning of resolution

_____ To discuss the different kinds of resolutions

Task 3

Put the sentences A-D in the correct places. Underline the words and phrases that helped you decide.

A. These are about making yourself a better person.

B. For example, a student may have to find more time to study.

C. There are good reasons for this.

D. The start of the year is often a time for making resolutions.

93

Task 4 阅读文章，完成思维导图

Resolutions
- The New Year's Resolution
  - When—We make resolutions at _____
  - Why—We are going to _____ our lives.
  - How
    - Some people _____ _____ their resolutions
    - others tell _____ and _____ about wishes
- Three kinds of resolution
  - Some are about _____
  - Many resolutions have to do with _____
  - Some resolutions have to do with _____
- People hardly keep resolutions—Why
  - The resolutions many be too _____
  - People just _____ about them

拓展提升：七选五

My parents both love running, and so do I. I started to run when I was a child.

1_____. To my surprise, it only took me about six minutes. I was very happy when I got to the end. From then on, I began to love every minute of running.

2_____ For example, I feel proud(自豪的) of myself when I run faster than last time. I feel excited when I win a running race. I feel very relaxed when I run with my friends or family.

Running is easy to start. That is why I love it most. ___3___ For example, in summer I like running in a gym or in the playground. In spring and autumn, I love running along the river near my home. The beautiful views always make me feel relaxed.

Some people think running is a "lonely' sport. It is boring and tiring. ___4___ For me, running is a match against myself. To build me up, I need to run every day. Sometimes I run when the weather isn't fine. ___5___ I think running is a good way to make both my body and mind strong.

A. In different seasons, I run in different places .

B. Sometimes I swim when I'm tired.

C. Running brings me lots of pleasure.

D. Sometimes I run when I'm unhappy.

E. At the age of five, my parents let me take a one-mile running test.

F. I think running is very boring

G. However, I don't think so.

反思提问任务：

亮闪闪：（我的收获、感悟、精彩之处）

考考你：

帮帮我：

（说明：本案例主要部分由培文·陕西大柳塔一中丰建丽老师提供。）

4. 对分课堂语法课备课单

年级	九	学期	第一	教材版本	人教版	课型	语法课
课题	Unit 2 I think that mooncakes are delicious Grammar Focus（Objective Clauses）			课时设计		第 1 课时（本单元共 6 课时）	

学习目标	评价标准	评价任务
了解宾语从句的定义和结构	能够概括宾语的基本结构	任务单 任务一
正确使用宾语从句的连接词 that/if/whether.	在宾语从句中，正确使用连接词 that/if/whether.	任务单 任务二
① 能够正确选用宾语从句的语序及时态。 ② 在语境中，正确使用宾语从句。	① 在选词填空中，正确选用宾语从句的语序和时态。 ② 用所给词，正确写出符合语法规则的宾语从句。	任务单 任务三 任务单 任务四

重点	(1)宾语从句的连接词(that/if/whether)的选择 (2)宾语从句中语序和时态变化
难点	(1) 宾语从句中语序和时态变化 (2) 在语境中，正确使用宾语从句

教学环节	当堂对分	备注
教师精讲 (18 分钟)	**Lead in**： The teacher shows a student's picture and leads the students to the topic . T：Boys and girls，this is… Ss： Gao Chenynag. T： I think that he is tall. What do you think of him? Ss：I think that he is…（选形容词：talented/ humorous/kind…） T：Let's look at this sentence "I think that he is…"中包含了 that 引导的哪一种从句呢？	

教学环节	当堂对分	备注
教师精讲 （18分钟）	Ss：宾语从句 T：You are right. Today let's learn Objective Clauses together. **一、宾语从句的定义** What is Objective Clauses？ Look at the title of this unit"I think that mooncakes are delicious." 通过这个例句，引出宾语从句概念：在主从复合句中充当宾语，位于及物动词、介词或复合谓语之后的从句称为宾语从句。 **二、考点 1：连接词**（that/if/whether）**用法** 1. Read the three sentences and circle the conjunctions. （1）I think（that）mooncakes are delicious. （2）I（wonder）if you understand me. （3）I（wonder）whether you will come or not. 2. Read the two sentences （1）Lin Tao feels（that）his own team is even better. （2）I think（that）we should take part-time jobs. --- 连接词 that 在句中__无__（有/无）词汇意义，在句子中__不充当__（充当/不充当）成分，在口语中往往省略。主句谓语动词表示确定，陈述一件事实。 --- 3. Look through four sentences （1）I want to know if／whether he lives there. （2）He asked me if/whether I could help him. （3）I don't know whether he's free or not. --- 连接词 if/whether 在句中表示_____"是否"_____，常用在 ask，wonder，can（could）you tell me 等后。 --- 4. Exercises：选择适当的连接词（that/if/whether） （1）I wonder __if/whether__ you can help. （2）I believe __that__ you can do it. （3）I don't know __whether__ he's free or not. （4）I think __that__ you are a good student. Let's move on	

教学环节	当堂对分	备注

教师精讲
（18分钟）
	三、考点2：语序（Word order）
	
	1. Read the two sentences：
	
	（1）Mary thinks that <u>it is a good idea</u>.
	
	（2）I asked them if/whether <u>they would come</u>.
	
	从以上两个句子可以得知，宾语从句的语序必须是 <u>陈述语序</u> （陈述语序/疑问语序），即<u>主语在前，谓语在后</u>。
	
	2. Please do the following exercises
	
	（1）Father asked me <u>A</u> .
	
	    A. if I can help him
	
	    B. if can I help him
	
	（2）—"Do you know <u>B</u> ？"
	
	    — "Sorry，I don't know."
	
	    A. whether <u>will he come</u>
	
	    B. whether <u>he will come</u>
	
	Let's move on
	
	四、考点3：时态（Tense）
	
	Summarize and do some exercises：	

当主句是<u>一般现在时</u>	从句时态根据<u>实际情况</u>而定	e.g. I hear that Mary <u>was</u> (be) a teacher three years ago.
当主句是一般过去时	从句时态是相应过去时的某种形式	e.g. He said that he <u>was reading</u> (read) a book at that time.
主句<u>任意时态</u>	从句说明是客观存在的事实或是客观存在的真理，从句用一般现在时。	e.g. The teacher said that the earth <u>moves</u> (move) around the sun yesterday.

（1）Dad told me that the sun <u>rises</u> (rise) in the east.

（2）He said that light <u>travels</u> (travel) faster than sound.

续表

教学环节	当堂对分	备注
独学内化 (8分钟)	1. 学生独立完成任务单中任务一，任务二，任务三，任务四； 2. 教师巡视，组织学生完成任务单习题，发现学生做题过程中存在的问题。	
小组讨论 (7分钟)	3. 四个人一组，小组长组织各成员参与其中； 4. 各小组成员互相核对答案，程度好的同学给程度较弱的同学进行讲解。	
师生对话 (7分钟)	1. 各小组代表进行习题汇报和讲解； 2. 教师进行点评和补充； 3. 教师引导学生进行本节课知识点总结。（见任务单） 4. 情感升华：送给学生一句包含宾语从句的鼓励与祝福： I believe that all of you willrealize your dream.	
作业布置 (分层)	A组、B组：完成教材 P12 4b. 并写5句关于父亲节和母亲节的宾语从句(程度较好) 　　C组：复习本节课内容，完成教材 P12 4b. (程度较弱)	
板书设计	Unit 2 I think that mooncakes are delicious Grammar Focus (Objective Clauses) Objective clauses (宾语从句)　　连接词｛that / if / whether…or not 　　语序　陈述语序 S 主+V 谓 　　时态｛主：一般现在时　从：根据实际情况而定 　　　　主：一般过去时　从：相应过去时态某种形式 　　　　主：任意时态　　从：客观真理和事实　一般现在时	
教学反思	本节课是根据学校四环节对分课堂的学习理念和教学环节设计的。首先通过对一名同学的评价，对话导入本节课话题：宾语从句。再通过宾语从句三要素(连接词、语序、时态)的例句和练习进行知识点的总结归纳。整体环节设置由浅入深，讲练结合，师生配合互动自然、流畅。	

续表

教学环节	当堂对分	备注
教学反思	一、本节课比较好的地方： 　　1. 由于张建英校长亲自指导修改两次，全组老师帮助多次磨课，提前试讲两次，及时进行调整和修改，本节课教学思路比较清晰，教学环节流畅。在这里，很感谢张校长的帮助和九年级英语组所有老师的努力。 　　2. 学生自主学习和小组讨论环节，学生们能够积极动脑，互帮互助，消化、吸收、理解所学知识。 　　二、需要改进的地方： 　　1. 教师精讲留白部分，讲解过多，留白不够。在讲解时态时，应该把过去将来时，过去进行时以及过去完成时的考点设计到学习任务单中。 　　2. 学习任务单设计不足，题量少且重难点不突出，应设计梯度练习题，满足不同层次学生学习需求。 　　3. 汉语教学过多，英语课堂应尽量使用清晰的指令语，组织课堂教学。 　　时隔半年多的时间，再次回看这节四环节对分语法课，我还记忆犹新。最初的这节课是代表英语组教师首次将对分的环节及教学理念应用到英语教学中，当时还不够成熟，还有很多不完善的地方。本节课如果在精讲环节不要面面俱到，把部分精讲内容放到任务单中作为留白的内容会更好。在讲解 if 引导的宾语从句时，并没有将 if 引导时间状语从句进行区分也是有些遗憾的地方。 　　目前，在全体英语组老师们的探索和努力下，我们在四环节对分阅读、听说、语法以及写作等多个课型当中有了很好的尝试，也取得了很大的进步。未来探索高效的四环节对分课堂是我们一直前行的方向，我们会一直在路上，不断地努力，不断取得突破和进步。	
作业批改及反馈记录		

对分课堂语法课任务单

学生姓名：　　　　所在班级：　　　　课题：Grammar Focus（Objective Clauses）

任务一：Summary：完成下面思维导图

宾语从句
- 连接词
  - _____（无意义）
  - _____ _____（是否）
- 语序——_____（陈述语序/疑问语序）
- 时态
  - 主句为一般现在时，从句根据_____而定。
  - 主句为一般过去时，从句为相应的_____的某一种时态。
  - 从句为客观真理事实，从句用_____时态。

任务二：选择适当的连接词（that/if/whether）

1. Bill thinks _____ the races were not that interesting to watch.

2. I wonder _____ there will be a football game tomorrow.

3. Bill and Mary believe _____ they'll be back next year to watch the races.

4. I wonder _____ there will be a football game tomorrow.

5. Let me know _____ you can come or not.

任务三：用所给单词的适当形式填空（时态）

1. I hear that Mr. Wang _____（be）an English teacherthree years ago.

2. He told me（that）summer _____（be）after spring.

3. She said that she _____（go）to Japan in a week.

4. I think that they _____（shop）at 5：00 p. m. yesterday.

5. He wonders whether Mary _____（go）to Beijingtomorrow.

任务四：用所给单词写句子

1. I/don't know/ whether/ he/ come home/ for the festival.

   I don't know whether he will come home for the festival.

2. I/believe/ The Water Festival / most/ fun

   _____

3. I/wonder/ if/ mooncakes / delicious

   _____

4. I/don't know/ what/ I/ say/ should

   _____

任务五：我的学习反思（写关键词即可）

1.【亮闪闪】通过以上学习、我感受最深、收获最大的是？

2.【考考你】哪些问题，我认为其他同学可能不知道或者没有注意到，而我感觉自己很好的理解或解题思路，提出来考考其他同学？

3.【帮帮我】我有如下的问题或困惑，请帮帮我。

（说明：语法课备课单和任务单由培文·陕西大柳塔一中边志华老师提供）

5. 对分课堂写作课备课单

年级	九	学期	第一	教材版本	人教版	课型	写作课
课题	Unit 4 I used to be afraid of the dark Section B(3a-3b) Writing			课时设计		1 课时 (本单元共 6 课时)	

学习目标	评价标准	评价任务
By the end of the class, you will be able to: ① know your own changes in appearance, personality and hobbies using the sentence structure "…used to…, but now…"	选用恰当的形容词和动词短语，使用"used to…, but now…"句式，描述自己在"外貌、性格、爱好"等方面的改变。	任务一
② describe biggest change in the past few years and explain how it happened.	使用一般现在时、一般过去时和"The biggest change is that…"，等句型，描述自己最大的改变和改变的原因。	任务一
③ write an article with the title "How I've changed"	能写出符合语法规则的短文	任务二

重点	使用"used to…but now…"和"The biggest change is that…"等句型，描述自己的改变
难点	正确使用一般现在时和一般过去时，描述自己最大的改变及原因

教学环节	教学过程	备注
教师精讲 (15 分钟)	**Step 1：Warm up（Review）** The teacher shows some pictures about a student's changes to lead the students to review the structure "use to… but now…" T：Boys and girls, This is my student Chen Guorong. Let's describe his changes together?（描述外貌的变化） T & Ss：① He used to be short when he was young, but now he is tall. ② He didn't use to wear glasses, but now he wears glasses. The teacher shows another two pictures：（描述性格的变化） T & Ss：Heused to be shy and quiet in the past, but now he is outgoing and humorous.	

教学环节	教学过程	备注
教师精讲 (15 分钟)	The teacher shows another two pictures：（描述兴趣爱好的变化） T & Ss：Heused to like playing the guitar. He used to dislike sports, but now he likes running. T：The biggest change of him was that <u>he became interested in English</u>. "became interested in" means "was interested in". 大家注意这个句子，that 后引导的一个表语从句，它的内容说明的是最大的改变）。 that 后面要加一个完整的句子，that 不可以省略。主从句都是一般过去时。 T：Why did hebecome interested in English?（Show a picture and some key words.）引导学生连词成句。A month ago, his English teacher gave him some interesting English books. His teacher also advised him to watch some English movies. From then on, he worked harder. At last, he did better in learning English. **Step II. Micro writing and analyze the structure.** Write about how Chen Gurong has changed. What did he use to be like? Which change is the biggest change, and the reasons. T：Before writing, we should pay attention to (the type, the tense and the person). The type of the article is Narration, What tense will we use?（我们要用什么时态）一般过去时 used to (Simple Past Tense) 和一般现在时（Simple Present Tense）；人称（Person）：第三人称(the third person). This is the writing structure：The topic sentence is Chen Guorong's life has changed a lot in the last few years. His changes include：appearance、personality and hobbies. We can use the sentence patterns：（板书：used to be _____, but now _____; used to have _____, but now _____; used to like _____, but now _____ .） Another part is about the biggest change and the reasons. The biggest change in his life was that+句子 For example：① 他生活中最大的改变是他开始对英语感兴趣：<u>The biggest change in his life was that he became interested in English</u>. 改变的内容可以是兴趣上的改变也可以是性格上和其他方面的改变。 For example：① 他生活中最大的改变是他更外向了。We can say：<u>The biggest change in his life was that he was more outgoing</u>.	

教学环节	教学过程	备注
教师精讲 （15分钟）	接下来写原因：大家要叙述自身发生改变的一个小故事。老师给大家一个具体例子。 For example：原因：三年前，遇到了很多同学，一起学习。老师鼓励你交更多朋友等等．多亏了老师和同学，你现在更外向了。 Three years ago, I met a lot of classmates. We studied together. Our teacher advised me to make more friends. Thanks to my teacher and classmates, now I am more outgoing. 如果想让自己的作文出彩。我给大家一些增分的亮点句式： ① Advise sb. to do, ② had a great influence on, ③ with the help of, ④ Thanks to … 等等。 Now, let's look through the sample of the composition. (Let's read and analyze together) Now, let's look at the sample together How Chen Guorong has Changed! 主题句 Chen Guorong's life has changed a lot in the last few years. ① He used to be Change in appearance short, but now he is one of the tallest students in his class. ② He used to be Change in personality shy and quiet, but now he is outgoing and he likes to make friends. ③ He used to dislike sports, but now Change in hobbies he likes playing the guitar and running. ④ The most important change in his life was that the biggestchange he became interested in English. ⑤ This is thanks to his English teacher. A month ago How did it happen?, his English teacher gave him some interesting books and gave him some useful suggestions about learning English. **This is the most important change because** he is doing better in his exams and his teachers and parents are proud of him. Now, please take out your task list and finish Task 1 and Task 2. 14 minutes, go.	
独学内化 （14分钟）	1. 学生独立完成任务单中任务一，任务二； 2. 教师巡视，组织学生完成任务单习题，发现学生做题过程中存在的问题。	

教学环节	教学过程	备注
小组讨论 （5分）	小组长组织，四名同学互相批改作文； 找出本组优秀作文的好词组和句子，圈出错误的词组和句子。	
师生对话 （5分钟）	1. 拍2名同学的作文大屏幕展示，全班一起读和交流。 2. 情感升华：Your life does not get better by chance, it gets better by change. 　　——Jim Rohn.	
作业布置 （分层）	A组、B组：以"How my best friend's has changed"为题，写不少于70词作文。 　　　　　（程度较好） C组：根据小组交流讨论给出的意见和建议来完善自己的作文。（程度较弱）	
板书设计	Unit 4 I used to be afraid of the dark Writing How I have changed｛Topic sentence： General changes｛Appearance：used to be ____, but now ____ Personality：used to have ____, but now ____ Hobbies：used to like ____, but now ____ The biggest change and reasons｛The biggest change in my life was that ____ This is the most important change because ____	
教学反思	在过去的一年里，英语组的全体教师积极落实四环节对分教学理念，进行了四环节对分听说课、阅读课、语法课、单词前置课等不同课型的尝试，唯独没有上过四环节对分写作课。为了进一步研究四环节对分理念在英语写作教学中的具体实践应用，所以本人选择了人教版九年级 Unit4 I used to be a-fraid of the dark Section B (3a-3b) 写作课进行示范课展示。 　　为了上好这节示范课，我进行了充足的课前准备，搜集大量和本节课相关的写作素材，在国家中小学教育平台上聆听了北京理工大学附属中学彭瑜老师和周俊君老师的网课，聆听了本组优秀教师郝美琴老师和丰建丽老师这节写作常态课。在完成备课初稿后，我把备课单发给了张建英校长，张校长不仅在第一环节（精讲留白环节）给了我很好的修改意见，也建议我用一轮四环节、当堂对分的授课模式，同时把周丹丹老师的对分写作课备课单分享给我作为参考，这样我的思路更加清晰，也明确了备课的方向。在这里特别	

续表

教学环节	教学过程	备注
教学反思	感谢远在山东、特别忙碌的张校长抽出宝贵时间给我指导这节写作课。 为了更好的打磨这节课，我在九年级（12）班、九年级（13）班、九年级（9）班分别进行了三次试讲。特别感恩九年级英语组全体教师和以及七年级英语教师田丽丽、王萌、张光平和王宏老师，在听完试讲课后，他们给了我很多改进的建议。特别要感谢我的好朋友刘瑞老师，在正式上课的前一天，远在外地采访的她和我视频通话，一直到半夜 12 点和我一起精心修改每一页 PPT 的内容、帮我捋顺思路。在大家的帮助和个人努力下，这节写作公开课进行的比较顺利。现将本节课的亮点和不足进行反思。 亮点：① 写作目标明确，教授过程完整，教师精讲过程中思路清晰，重难点突出、用一个学生的前后对比变化为例，引导学生写自己的变化，符合以 A 教 A 的对分教学理念。② 教学活动合理，教学方法恰当。③ 任务单分层设计且合理，对于 C 类（较弱）的学生提供 Word bank，降低了写作难度。④ 小组分配合理：按照 ABBC（A 为拔尖学生，B 为中等学生，C 为程度较弱学生）四人为一小组进行小组合作。 不足：① 任务单上虽然设计了个人评价和中考评分标准，授课过程中，教师没有提醒学生完成。评价标准还需要再简化、再细致。② 在小组评价环节，5 分钟时间太短，评价不完，而且很多学生不能将错误改正。③ 讲授环节，在叙述人物变化的原因时，没有重点强调一般过去时的使用，很多学生出错较多。④ 在师生对话环节，评价时间太紧张，点评不充分，只邀请了一名学生，点评了一名学生的作文。④ 板书书写不够规范，需要继续加强。 2022 年 12 月 2 日，培文一中英语组诚邀张学新教授线上指导"对分课堂在英语教学中的应用"。关于对分写作课中，如何改进师生对话环节时，张教授给了我们很好的建议，即在小组讨论环节，小组长集中组内的优秀好词、好句以及存在的问题，教师关注和收集不同组的优点和共性问题，在师生对话环节，小组长集中展示好词、好句和共性问题，教师进行集中点评，这样既节省了时间，也解答了学生的困惑。张教授指导后，我豁然开朗，在今后的写作课中进行实践、反思、总结和改进。 实践证明，四环节对分教学理念在英语写作教学中的应用不仅是科学的，也是高效的。我们会继续学习和钻研四环节对分教学理念，将这种教学理念应用到英语教学的各个课型中，并形成可参考的教学模式，让更多的老师和学生受益。我也会改进自己的不足，争取今后不断地进步和成长。	、

续表

教学环节	教学过程	备注
作业批改 及反馈 记录		

对分课堂写作课任务单

学生姓名： 所在班级： 课题：Unit4 Section B（3a-3c）Writing

Task 1：Fill in the blanks.（A B 组）

1. Appearance（外貌）I used to _____, but now _____.

2. Personality（性格） I used to be _____, but now _____.

3. Hobbies：I used to like/dislike _____, but now _____.

Task 1：Fill in the blanks.（选填）（C 组）

1. Appearance（外貌）I used to be _____, but now I am _____.

2. Personality（性格）I used to be _____, but now I am _____.

3. Hobbies：I used to like/dislike _____, but now I like _____.

Word bank：
词汇

外貌：tall，short，heavy，thin，straight hair（直发），curly hair（卷发），
long hair，short hair，…

性格：outgoing，serious（严肃的），funny，smart，friendly，shy，unfriendly，
humorous…

爱好：enjoying reading novels/watching cartoons/playing computer games…

Task 2：Writing

初中生活中，你有些什么改变？最大的变化是什么，你是怎样改变的？请以"How I Have Changed"为题写一篇英语小短文，描述你生活中发生的变化，写作内容可以包括外貌、性格、兴趣爱好和行为习惯等方面。

要求：1. 不少于 70 词

2. 语言流畅、书写规范、卷面整洁；

3. 文中不得使用你的真实姓名。

How I've Changed!

My life has changed a lot in the last few years. I used to _____

_____

_____

The biggest change in my life was _____

_____

_____

These are my changes. How big they are! Do you think so?

Task 3：Evaluation(评价)

1. 自我评价

Checklist	Yes	No
I listed the changes of appearance(外貌), personality(性格) and hobbies.		
I talked about the biggest change and reasons.		
I used correct grammar and punctuation(标点符号).		
I wrote clearly and beautifully.		

2. 小组内评价：

① 我们组内好词好句：

② 我们组的困惑：

附：中考作文评分标准

中考作文评分标准

·第一档(14~15分)：符合题意要求，表达完整，条理清晰，语句通顺，语言正确无误，大小写及标点运用得当，全文结构严密，完整，语言流畅。

·第二档(10~13分)：符合题意要求，表达基本完整，条理较清晰，语句较通顺，语言基本无误，有语法或标点错误，但句子较为顺畅，文章思路清晰，逻辑推理正确，结构完整。

·第三档(7~9分)：基本符合题意要求，表达基本完整，条理较清晰，语句较通顺，语法或标点错误较多，文章结构不严密，但表达意思清楚。

·第四档(4~6分)：不符合题意要求，表达不清楚，语法或标点错误过多。词数不够，语意表达不清晰，文章逻辑关系混乱。

·第五档(0~3分)：未能传达给读者任何信息；内容太少，无法评判，写的内容均与所要求内容无关或所写内容无法看清。

（说明：写作备课单和任务单由培文·陕西大柳塔一中边志华老师提供）

6. 对分课堂中考专题——阅读课备课单

年级	九	学期	第二	教材版本	人教版	课型	复习课
课题	中考专题—阅读理解（四选一）		课时设计		第1课时（共1课时）		

学习目标	评价标准	评价任务
学生能够在做题中运用删减法完成"阅读理解四选一"主旨大意和推理判断这两种题型的解题策略。	理解并运用所学解题策略完成任务单对应题目。	任务单：Task1/2

重点	用删减法理清文章结构，把握主旨，读懂文章
难点	用删减法理清文章结构，把握主旨，读懂文章

教学环节	教学过程	备注
精讲留白 (17分钟)	**Step I Lead-in 题型概况说明** 　　四选一的阅读理解在中考中共有三篇，文体包含三种：记叙文、说明文和应用文。题目类型有四种：细节理解、推理判断、主旨大意、词义猜测。从图上可以看出，细节理解题所占比重最大，这类也相对比较简单，我们把它作为一个 　　专题放到后面再讲。 　　　　　　　　近10年中考考查次数 细节理解60考 20考 推理判断 10考 词义猜测 8考 主旨大意	

教学环节	教学过程	备注
精讲留白 （17 分钟）	这节课我们就聚焦于主旨大意和推理判断这两种题型。 **Step 2 主旨大意—解题策略** 1. 主旨大意题题干的设问方式为这几种：（PPT 出示），包括整篇文章的主旨大意、段落中心句，标题归纳、主题归纳、写作意图。 2. 那么如何把握主旨大意？简单的时候，一下就能找到；那找不到怎么办？首先就要理清文章的结构。当我们无法判断一篇文章的主旨大意时，干扰我们判断的细节内容就相当于树枝乃至树叶，它们围绕着各自的树干展开，树干就相当于段落中心句，这所有的都是围绕谁展开？树根，相当于整篇文章的主旨大意。这就是文章的结构，为了把握主旨大意，我们就要删去那些干扰我们判断的细节内容，那么什么样的内容可以删去？相当于语文放大版的缩句，那么我们该删什么？修饰词词语（形容词、of 短语、定语）、状语、举例子/分类/比较；过程性描写，比如 first，then，after that，finally；in 2018 等）。删去这些细节，文章的结构就清晰可见，就能把握主旨和作者的真实意图，也就读懂了文章。接下来我们就运用删减法找一找段落中心句。 3. 精讲例题 1（找中心句）： （2019 年陕西阅读 A 节选） Yan Ning is a rising star in the science world. ~~When Yan Ning was only a little girl, she dreamed of being a great scientist. After years of hard work,~~ in 1996, ~~she went to Tsinghua University to study biology. After graduating from Tsinghua in 2000, she went to Princeton University and finished her study abroad in 2007. Then she returned to Tsinghua and set up her own lab. At the age of 30, she became the youngest professor（教授）at Tsinghua.~~ 精讲例题 2：（找中心句） （2020 年陕西阅读 B 节选） ~~People use languages to communicate. Any language has its ways to express people's minds. One of the ways in common is the use of idioms（习语）. An idiom is a group of words.~~ It has a special meaning that is defferent from the usual meaning. ~~For example,~~ **under the weather** ~~is an idiom meaning ill. So when people say "I'm~~	

教学环节	教学过程	备注
精讲留白 （17分钟）	~~under the weather,"~~ ~~they are saying that they're not felling well. Another example,~~ **in all weathers** ~~means~~ **in all kinds of weather.** ~~So，"There are homeless people~~ ~~slepping on the streets in all kinds of weather"~~ ~~tells us that homeless people sleep on~~ ~~the streets no matter whether it is~~ cold or hot. 精讲例题3： （2016 陕西阅读 B 节选） ~~Years later，~~ ~~they became rich and returned to their hometown. To their surprise,~~ ~~the land around the willage was covered with sand. That made them feel sad. After~~ ~~thinking carefully，~~ Li and his wife made up their minds to fight against the sands. 1. This passage is mainly about how Li and his wife ＿＿＿＿＿ . A. tried different ways to find water B. made money in Shenzhen C. ✓ fought against the sands D. bought and planted trees 主旨大意题就讨论到这里，下面我们来看第二种题型：推理判断。 **Step 3 推理判断-解题策略** 1. 推理判断题的设问方式通常有这几种，the first one, this passage may come from…推测的是文章的出处；What kind of writing is it 推测的文章的体裁；we know that…, we can learn from that, which of the following is true? 这三种推测的是隐藏含义/上下文，后三种相对于难一些，是需要通读文章，再逐一判断。那针对于这类题型，我们仍然可以使用删减法，去伪存真，来看例题。 2. 精讲例题1： 首先来看题干，What can we know from the Introdution? 是一道什么类型的题？推理判断题，推测的是隐藏含义或者上下文，首先从四个选项中确定关键词，C the voice of the third person, what does it mean? Can you guess? 然后通读文章。这段话篇幅较长，看上去不太好懂，我们继续运用删减法来帮助我们理解大意。请大家略读，找出可删去的细节内容的标志性词语。我们看到这有一个双引号，这样的是不是细节内容？好，删去。刚才删去是一个直接	

教学环节	教学过程	备注
精讲留白 （17分钟）	引语，many readers have told me that...这是一个间接引语，是不是和刚才的性质一样，可以删去吗？剩下这句分号，分号前后是不是并列关系？可以删吗？删去，那就来看看剩下的两句话。It has been published and translated into ... 不认识跳过，translated into many languages. It found its way into the hand and hearts of the children who 这里是一个定语从句，可以删吗？它找到了它的方式进入到孩子们的手里和心里，也就是说它受到了孩子们的喜爱。那么看到这里，再比对选项，我们就已经能够做出正确的选择。选 B，popular. Well-received 受到好评。 例题 1 Today, the book has been **published** in many countries and translated into many languages. It found its way into the hands and hearts of children who had read about but never experienced war. Books do change lives, I know; and many readers have told me that Number the Stars changed theirs when they were young, that it made them think about both cruelty and courage. "It was something that shaped my idea of how people should be treated," wrote a young woman recently, telling me about her own fourth-grade experience with the book. 50. **What can we know from** this Introduction? A. The book **is about** a story of the **writer's own** child experience. B／ The book is well-received and **popular** around the world. C. The Introduction is written in the **voice of the third person**. D. The Introduction is **complete** and we can read all of it. 例题 2 再看一道真题，首先来看题干，是一道推理判断题，锁定关键词，teacher，看选项，推测的是老师的品质，那首先在文中定位 teacher，teacher 之前的可以删吗？后面都是老师说的话，那这些话当中关于客观事实的描述，after that, then, finally 这些词语所在的句子，可以删吗？Here is/there is 可以删吗？我们就从剩下句子中来搜寻能够表现老师品质的词语。由此判断出老师是 A.	

续表

教学环节	教学过程	备注
精讲留白 （17分钟）	（2021年陕西阅读 A 节选） A week later, after they moved to Florida, Cindy's mother took her to meet her new teacher. The <u>teacher</u> said, "<u>Welcome</u> to our school, Chindy. Let me tell you what we do in our second-grade class. We start the day with reading and writing. After that, we do math. Then we go out to have a long rest for outdoor activities.... Finally, we go to music and art classes for the last hour of the day. Here is a time list of the subjects and school activities for you. There is some other information in it. I'll be <u>glad</u> to see you tomorrow, Cindy! <u>I'm sure</u> your new classmates will be <u>glad</u> to see you, <u>too</u>." 43. **We can know from** the passage that Cindy's new <u>teacher</u> was _____ . 　　A√ friendly　　　B. honest　　　C. humorous　　　D. quiet 接下来，Let's practice，请大家运用删减法来完成任务单的两篇阅读理解，12minutes for you, here we go.	
独学内化 （11分钟）	Task list：Task1/2	
小组讨论 （6分钟）	① 你的困惑 ② 好的理解和解题思路 ③ 最大的收获	
师生交流 （8分钟）	1. Answer Ss' questions 问题预设： （1）Task 1：节选 3 中 2 题：Qinhui 是好人坏人？（逻辑推理） （2）Task 2：1 题："a third"什么意思？ （3）Task 2：4 题：文中相关句"N-1"，"diner"，正确答案中"as if"什么意思 2. 认真审题、确定题干关键词、在文章再现，这是基本步骤。 3. 一定要站在作者的角度，根据文本进行推测，不能以自己观点判断。	
板书 设计	**Reading Comprehension** main idea questions of inference To delete： —description words —details	

续表

教学环节	教学过程	备注
作业 布置	练习册：A 组：P161/P162/163 3-6； 　　　　BC 组：P165/166 9-12 　　　　C 组：P169 考点 1-2	
教学 反思	英语是一门语言学科，需要培养学生听说读写的能力，但基础薄弱的学生总觉得学英语没有成就感，甚至是沉重的负担。借着这次"优质课教学大赛暨四环节对分课堂全国直播"活动的机会，我想教给孩子们明确的解题策略，减轻他们学习的负担，为"让学生过上学习的好日子"贡献一位学科老师的力量。 　　因此，备课时我就想到了张建英校长上学期给我们讲的"凝缩法"。当时张校长用"凝缩法"分析了一篇较难的课文，一下子就理清了文章结构，读懂了文章内容，我感觉很神奇。所以我想尝试着把这种方法详细透彻地教给孩子们，让孩子们觉得读懂英语文章有方法，是件简单有趣的事情，从而激发孩子们学习英语的兴趣。 　　这节课孩子们也感受到了"凝缩法"的神奇，学习积极性很高，尤其是在完成任务单、小组讨论的时候，一脸的兴奋与喜悦；师生对话时，学生踊跃发言，师生交流气氛融洽，但我觉得还有很多不足之处： 　　首先，精讲环节用时较长。因为患得患失，总怕学生听不懂，所以我用了五个例题讲解题策略，似乎觉得讲得越多，学生会更好地接受知识和理解解题技巧，接着还通过直接做练习题的方法来强化知识点的落实，结果导致精讲时间过长，使得在完成任务单时比较紧迫，没有给学生留足思考的时间，更别说新的生成了。 　　其次，师生对话有点拖沓。由于学生没有新的生成，所以在师生对话的质疑环节显得不够积极，而我仍然在等待学生主动提问，然后找学生解答，我进行精准点评、答疑，想着让课堂活跃起来，充分体现对分课堂的神奇。但我把控课堂的能力不够，没有随机应变，只是机械地按照对分课堂的流程走，没有很好地调动起学生学习的热情，课堂气氛也沉闷了，这让我倍感失落。 　　这节课给了我很多的思考，也给了我前行的动力。我深知，自己需要学习的东西很多很多，我会在今后的教学工作中，再接再厉，在摸索研讨中前进，在前进中不断地提升自己。	

续表

教学环节	教学过程	备注
教学反思	P.S 现在回看这节课，最强烈的感受仍然是讲太多了！少讲5分钟，多练5分钟，让孩子们有充分的时间内化。另外，任务单的设计还能再科学合理一些。任务一可以改为只针对一个段落，出一道运用删减法能做出的题，这样任务一指向性明确，固化了精讲的内容，孩子们可以更精准地运用删减法做后面的任务，任务二、三拓展提升的目标就能更好得达到。	

对分课堂中考专题——阅读课对分课堂任务单

学生姓名：　　　　　　所在班级：　　　　　课题：中考专题-阅读理解（四选一）

Task 1 Task1 刚才上课老师讲了什么？请写出你所记住的主要内容

Task 2 基础训练（针对性训练：A/B/C 层）

Peking Opera is a traditional form of Chinese culture. There are many roles in Peking Opera, mainly including Sheng, Dan, Jing and Chou. Each character has their face painted in a special way. By looking at the face painting, the viewers can know who the good person is and who the bad person is. For example, the red face painting means the good person, the white face painting means the bad person.

Where did this kind of face painting come from? An old story told us that it had something to do with the Prince of Lanling. This prince was one of the four most handsome men in ancient China. Some soldiers in the prince's army thought that he was weak because of his good-looking face. So, to make himself look stronger, theprince wore a mask(面具) with an unhandsome face painted on it.

So no China trip is complete without watching the classic Peking Opera! Enjoy the great Peking Opera!

1. This passage tells us something about _____ in Peking Opera.

    A. facepainting   B. the Prince of Lanling

    C. a clown actor   D. an emperor in the Tang Dynasty

2. If you have a chance to play the role of Qin Hui in Peking Opera, your face will be painted _____ .

    A. red   B. black

    C. yellow   D. white

3. What's your advice if a foreigner comes to visit China?

    A. To buy lotsof face paintings.   B. To watch the classic Peking Opera.

    C. To go to Beijing to taste the local food.   D. To play different roles in Peking Opera.

Task 3 拓展训练(针对性训练：B/C 层)

Food waste has become a big problem these days. According to the United Nations, 1. 3 billion tons of food is wasted every year—that's about a third of the world's total food.

To make more people take part in the campaign(活动), restaurants and catering associations (餐饮协会) in more than

18 provinces in China have all made measures to control food waste.

In Shaanxi Province, for example, restaurants have been asked to serve half of food to avoid waste. The Wu-han Catering Association suggested that restaurants use the "N-1 mode". For example, a group of 10 diners should only order enough for nine people at first. More food is only brought to the table if required.

A similar online campaign has been started on Sina Weibo. Users share photos or videos of empty plates after finishing their meals. On WeChat, a mini-program called Clear Plate invites people to exchange pictures of their empty plates for credit points(信用分). People can use the credit to buy things or give away food to children in poor areas.

We hope our efforts can start a new lifestyle among the younger generation, encouraging them to carry the virtue(美德) of valuing food, said Liu Jichen, developer of the mini-program.

1. From Paragraph 1, we know _____ .

    A. food waste has caused many problems

    B. the UN is wasting a lot of food each year

    C. about 30 percent of the world's total food is wasted each year

    D. over 30 million tons of food is wasted in China every year

2. According to the "N-1 mode", diners in a restaurant _____ .

    A. can order half of dishes

    B. have to take their food left home

    C. should order food enough for each person

D. should order dishes as if there were one fewer person

3. What can we infer(推断) from the passage?

A. China causes the most food wasting.

B. Food is not easy to make, so we shouldn't waste.

C. Children like to eat all the food they order.

D. Many people have realized the importance of saving food.

4. What's the passage mainly about?

A. Suggestions for ordering food.　　B. The reasons for saving food.

C. Ways to cut down food waste.　　D. The process of food production.

我的学习反思(写关键词即可)

1.【亮闪闪】通过以上学习、我感受最深、收获最大的是？

2.【考考你】哪些问题，我认为其他同学可能不知道或者没有注意到，而我感觉自己很好的理解或解题思路，提出来考考其他同学？

3.【帮帮我】我有如下的问题或困惑，请帮帮我。

（说明：本部分备课单和任务单主要部分由培文·陕西大柳塔一中刘瑞老师提供，案例答案可发邮件至 1500913283@ qq. com 索取。）

第三节　高中英语对分教学设计

1. 高一阅读课英语对分教学设计

年级	高一	学期	第一	教材版本	人教版	课型	新授课
课题	Unit 3 Sports and Fitness Part 2：Reading and thinking			课时设计		第 4 课时 （本单元预设 8 课时）	
学习目标			评价标准			评价任务	
1. 引导学生梳理、概括文中两位运动员的相关信息。			能找出或概括出人物关键信息的句子。			本节任务单的 Task2	

学习目标	评价标准	评价任务
2. 帮助学生发展阅读、分析、交流与合作的技能；	能对文本中的长难句正确断句，找出关键词	本节课所使用任务单

重点	学生通过自我内化理解文本信息和结构。
难点	文章的中重难点句型的结构及意思。
教学方法	隔堂对分

教学步骤

第一轮微对分

Step 1：Lead in（1 分钟）

Show a few pictures of some famous athletes and give students Task one：Scan the lead paragraph and find out what kind of people can we call *living legends of sports*.

Ss：the athletes who are masters in their sports and set good examples for others.

独学内化 （10 分钟）	**Step 2：Detailed reading** Make Ss read the paragraph of Lang Ping and Jordan carefully, and then finish Task two. **Lang Ping** 1. What have Lang Ping achieved in her field? 2. What difficulty did Lang Ping meet in the 2015 World Cup? 3. How did Lang Ping deal with the difficulty? **Jordan** 1. What does "When Michael Jordan's feet left the ground, time seems to stand still" mean? 2. What does the writer mention "the final seconds of a game"? 3. Why did Jordan start Boys and Girls Club?
小组讨论 （6 分钟）	四个人一组，小组成员交流彼此答案，共同解读，总结出本小组的对问题的理解以及罗列出迷惑点。
师生对话 （8 分钟）	各小组展示，生生对话，师生对话，提问及解惑。
教师精讲 （6 分钟）	讲解小组展示中提到频次高、多数小组未能内化和答疑的问题。

续表

第二轮微对分

教师精讲 （6分钟）	T：Now I'll show you a video about Lang Ping and Jordan. While looking, please pay attention to the qualities they have. You can write it down if you find something. （after video） T：Who want to share your findings with us? S1：… S2：… 教师把同学们提到的词选择、添加并汇总，讲解视频中涉及品质的关键词汇：eg. determined, patriotic, persistent 等。
独学内化 （2分钟）	学生完成任务单中的 Task three。
小组协作 （3分钟）	四个人一组，小组成员之间英文对话，运用所学单词，表述自己内心的传奇人物，他们的成就、品质、对自我的影响等。
师生对话 （3分钟）	小组展示，进行 talk show，教师适时点评，总结。
板书设计	主要以 PPT 展示和任务单的讲解为主，附带板书一些表达郎平、乔丹品质的单词。
课后作业	一、workbook 部分习题 二、以"Legends in my heart"为题目作文一篇
教学反思	该文介绍了郎平和乔丹两位体育运动员的主要事迹和优秀品质。学生们对于两位还是比较熟悉的，所以文章中部分描述可以更加容易推测及理解，这对于学生们完成部分任务有辅助作用。 　　但是，作为高一新生，同学们在篇章阅读时虽然有一定获取信息的能力，但梳理整合信息的能力较弱，对语篇的深度文本解读能力偏弱，用英语表达观点的能力也有待提高。相关知识储备方面也需要丰富，很多同学对两人的事迹和精神品质了解不全面、不深刻。 　　本节课的不足之处：接触本班学生时间较短，没有能够充分把握学生的英语学习的具体情况，导致阅读环节的"独立内化"与"师生对话"阶段时间分配不太合理，以后会根据学生的英语基础设置课堂容量。

第二轮微对分	
作业批改 及反馈 记录	

Unit 3　Living Legends

Reading and Thinking

Task One：Scan the <u>lead paragraph</u> and find out what kind of people can we call *living legends of sports*.

_____

_____

Task Two：**Detailed Reading**.

Lang　Ping

Read the paragraph of Lang Ping carefully, and then answer the questions.

1. What have Lang Ping achieved in her field?

_____

_____

2. What difficulty did Lang Ping meet in the 2015 World Cup?

_____

_____

3. How did Lang Ping deal with the difficulty?

_____

_____

Michael Jordan

Read the paragraph of Michael Jordan carefully, and then answer the questions.

1. What does "*When Michael Jordan's feet left the ground, time seems to stand still*" mean?

_____

_____

2. What does the writer mention "*the final seconds of a game*"?

_____

_____

3. Why did Jordan start Boys and Girls Club?

_____

_____

Task Three：Watch the video, and then answer the following questions according to both the video and the text.

What qualities does Lang Ping have?

_____

_____

What qualities does Micheal Jordan have?

_____

_____

（说明：本部分由漯河实验高中袁真真提供）

2. 高三一轮复习英语对分教学设计

教材	人教版高中英语必修 第一册（2019 版）		
课题	Unit 1 Teenage Life		
课型	语言提升课	课时设计	第 3 课时（本单元共 4 课时）

学习目标	评价标准	评价时间
通过老师精讲点拨本单元重点单词、核心短语、经典句式，能够顺利做出高考考点对应训练。	能够自己说出重点单词、核心短语、的用法。能够分析出经典句式结构。能够做出相应的高考真题或者模拟题。	当堂

教学重点	重点单词、核心短语、经典句式的用法。
教学难点	1）prefer 的用法。 2）经典句式的分析及运用。

续表

教 学 过 程

精讲留白 （20分钟）	教师精讲点拨 4 个重点单词和 2 个核心短语和 1 个经典句式。 重点单词： 1. prefer　preferred　preferred 类似：refer　referred　referred 思考一下 suffer 的过去式和过去分词为何不双写 r？ 因为 suffer 的重音在第一个音节上。 另外注意：prefer 的用法，为了便于同学们掌握，我们稍作梳理（强调）： 1）prefer to do sth. ／ doing sth.（prefer 既可接不定式也可以接动名词作宾语） 2）prefer sb. to do sth.（接不定式作宾补）更喜欢某人做…… 3）prefer（doing）sth. to（doing）sth. 宁愿（做）……而不愿（做）……（注意介词 to） 还有哪几种说法呢？请在书上找到并划出来。 prefer 的名词是 preference n. 偏爱；优先权；偏爱的事物 have a preference for 对……偏爱（这个短语特别重要）其形容词是：preferable adj. 更可取的，更合适的 2. recommend 注意：recommend（建议）that sb.（should）do sth. recommend 后接宾语从句，从句谓语动词用虚拟语气。此结构中，除了 recommend，还有哪些表示建议命令请求的动词可以用呢？ 3. content 特别注意这个词既可用作形容词，又可用作名词和动词。用作形容词时构成的两个短语还有其他表达吗？ be content to do sth. 乐于做某事 还可以说：be happy to do sth. 　　　　　be ready to do sth. 　　　　　be willing to do sth. be content with 还可用 be satisfied/pleased with	手写复备：

教　学　过　程	
精讲留白 （20分钟）	4. focus 注意 focus 用作动词时，既可用作及物动词又可用作不及物动词，还可用作名词。 focus on 集中于……（此短语中，focus 用作不及物动词） focus one's attention/eyes/energy on. . . 集中某人的注意力/目光/精力于……（此短语中，focus 用作及物动词） 类似用法的动词：concentrate concentrate（sth.）on（doing）sth. We must concentrate our efforts on improving our English. 我们必须集中精力提高英语。 核心短语： 5. be attracted to 喜爱　　be attractive to 对……有吸引力　特别注意 to 是介词 attract one's attention 吸引某人的注意力，除了 attract，最常用的还有哪几个动词? draw　catch　absorb 6. be responsible for 对……负责 　a sense of responsibility（责任感） 注意一个写作常用的经典表达： It's one's responsibility/duty to do sth. 做某事是某人的职责 It's our responsibility to live a low-carbon life. 经典句式： 7. It will help you to predict what you will hear. 这是含有连接代词 what 引导的宾语从句的复合句，what 在宾语从句中作宾语。 what 引导名词性从句，既起连接作用，同时又在从句中作主语、宾语、表语或定语。它有两个意思，一是"什么"有疑问含义。二是"所……的"，本句是第二个意思。	手写复备：

续表

<table>
<tr><td colspan="2" style="text-align:center">教 学 过 程</td><td></td></tr>
<tr>
<td>精讲留白
（20分钟）</td>
<td>
补充：（各班根据需要及时间情况选用）
名词性从句的引导词
1）连词：that　whether　if　只起连接作用，不作成分
2）连接代词：what　which　who　whom　whose
　　除起连接作用外，还可以在从句中作主语、宾语、表语、定语。
3）连接副词：when　where　why　how
除起连接作用外，还可以在从句中作状语（或表语）
另外，引导主语从句和宾语从句还可用 whatever, whichever, whoever 等。引导表语从句还可用 as if, as though, because。
</td>
<td>手写复备：</td>
</tr>
<tr>
<td>独学内化
（10分钟）</td>
<td>背诵学生用书 P7—P9（重点词汇、核心短语、经典句式），划出有疑问的知识点并做出高考考点对点训练（语境速测及写作金句），核对答案，标出疑难。</td>
<td></td>
</tr>
<tr>
<td>小组讨论
（10分钟）</td>
<td>小组讨论解决独学时划出的有疑问的知识点以及高考考点对点训练部分（语境速测及写作金句）中标出的疑难，各组长统计好未解决的问题。</td>
<td></td>
</tr>
<tr>
<td>师生交流
（5分钟）</td>
<td>教师答疑并小结。</td>
<td></td>
</tr>
<tr>
<td>教后反思</td>
<td></td>
<td></td>
</tr>
</table>

（说明：本部分由潍坊文昌中学高三英语备课组提供，主备人 李桂峰）

<table>
<tr><td>教材</td><td colspan="3" style="text-align:center">人教版高中英语必修第一册（2019版）</td></tr>
<tr><td>课题</td><td colspan="3" style="text-align:center">Unit 1 Teenage Life</td></tr>
<tr><td>课型</td><td>语言提升课</td><td>课时设计</td><td>第4课时
（本单元共4课时）</td></tr>
<tr><td colspan="2" style="text-align:center">学习目标</td><td style="text-align:center">评价标准</td><td>评价时间</td></tr>
<tr><td colspan="2">1. 通过老师对"采摘活动"话题的思路点拨，能够正确审题并归纳写作框架；</td><td>能够正确审题并归纳写作框架。</td><td>当堂</td></tr>
</table>

123

续表

学习目标	评价标准	评价时间
2. 通过话题词汇提升和句式升级练习，能够在规定时间内写出一篇关于介绍采摘活动的应用文。	能够写出一篇关于介绍采摘活动的应用文。	当堂

教学重点	介绍采摘活动的应用文。
教学难点	话题词汇和高级句式的应用。

教学过程

第一次对分

| 精讲留白
（10分钟） | 教师精讲 2020 年全国 II 卷应用文。

Step 1 题目介绍：（2020 全国 II 卷改编）上周末，你和同学参加了一次采摘活动。请你为班级英语角写一篇短文，介绍这次活动，内容包括：

1. 农场情况；

2. 采摘过程；

3. 个人感受。

注意：1. 词数 80 个左右；2. 题目已为你写好。

题目：My Weekend

Step 2 文章框架

Para. 1：活动及农场情况介绍

Para. 2：采摘过程

Para. 3：个人感受

Step 3 相关短语

学生会 the student union

位于…的位置 is situated at/be located at

悬挂在 hang on

迫不及待干某事 couldn't wait to | 手写复备： |
| 独学内化
（15分钟） | 学生按要求独立完成以下任务：

任务一：翻译句子：

Para. 1：活动及农场情况介绍 | |

	第一次对分
独学内化 (15分钟)	上周末，在学生会的组织下，一群志愿者去了位于山脚下的希望农场，帮助农民摘桃子。(非谓语动词作状语、非限制性定语从句、动词不定式表目的) 我们被那里美丽的风景所吸引，那里有各种各样的果树和动物。(被动语态) Para. 2：采摘过程 一到那儿，我们就看见树上挂着熟透了的红桃。(现在分词作后置定语) 用篮子和梯子，我们先挑了一些颜色最漂亮的，然后再挑那些成熟柔软的。(非谓语动词作状语、定语从句、并列句) 我迫不及待地咬了一口，甜甜的果汁就灌进了我的喉咙。(并列句) Para. 3：个人感受 我很感激能有这个机会亲近大自然。 我不仅可以体验采摘水果的乐趣，还可以享受其中的甜蜜！(not only 位于句首) 任务二：连句成篇 将上面的句子加上恰当的关联词，使之成为一篇完整的文章。 【提示】完成任务后，学生用一分钟的时间标注出独学内容中的"亮(我认为完成得优秀的地方)、考(我想考考其他同学的地方)、帮(我需要别人帮助我的地方)"，为接下来的小组讨论做准备。

续表

第一次对分	
小组讨论 （10 分钟）	小组成员互批互改，正确归纳出所用的高级句式。
师生交流 （10 分钟）	1. 赏析范文。 2. 教师解答学生在使用高级句式中所遇到的疑难。
教后反思	

2019 级一轮复习 B1U1-4 任务单

任务一：翻译句子

Para. 1：活动及农场情况介绍

上周末，在学生会的组织下，一群志愿者去了位于山脚下的希望农场，帮助农民摘桃子。（非谓语动词作状语、非限制性定语从句、动词不定式表目的）

_____

我们被那里美丽的风景所吸引，那里有各种各样的果树和动物。（被动语态）

_____

Para. 2：采摘过程

一到那儿，我们就看见树上挂着熟透了的红桃。（现在分词作后置定语）

_____

用篮子和梯子，我们先挑了一些颜色最漂亮的，然后再挑那些成熟柔软的。（非谓语动词作状语、定语从句、并列句）

_____

我迫不及待地咬了一口，甜甜的果汁就灌进了我的喉咙。（并列句）

_____

Para. 3：个人感受

我很感激能有这个机会亲近大自然。

我不仅可以体验采摘水果的乐趣，还可以享受其中的甜蜜！（not only 位于句首）

任务二：连句成篇 将上面的句子加上恰当的关联词，使之成为一篇完整的文章。

（说明：本部分由潍坊文昌中学高三英语备课组提供，主备人：曹雨。案例答案可发邮件至 1500913283@qq.com 索取。）

附录　对分易教学平台简介

在教学过程中，教师需要为学生提供课件、教学资料、学习资源等，学生需要提交作业，教师需要签到、发通知、批改作业、记录分数、汇总成绩等，这些烦琐的事务，很多可以借助信息技术来完成，国内外很早就开发了这样的教学平台软件。

然而，在实际教学中，真正使用教学平台的教师并不多。其中一个原因是第一代教学平台的界面设计不够人性化，使用时主要在电脑终端上操作，易用性和用户体验不够好。更为重要的是这样的平台对教学并不是必需的。比如，提供课件、教学资源等，教师可以通过邮箱或网盘进行；发通知，教师可以利用聊天群进行等。

在对分课堂这种新的教学模式下，作业是教学过程中不可或缺的成分，形式上也从书面作业扩展到音频、视频作业。对分课堂的顺利推广，需要一个能帮助教师便捷、高效地处理作业的工具，教学平台成为教学的刚需，不再可有可无。

一、简介

对分易教学平台是一款基于互联网的免费的教学辅助工具，其设计汇聚了中国数百位一线教师的集体智慧，操作便捷、简明易用、功能丰富，是对分课堂教学方法的官方平台，同时也适用于传统讲授式和翻转课堂等教学方法。另外对于学生实习、实训实验等场景也有支持。平台以微信公众号"对分易"为入口，免下载免安装。支持手机和PC、苹果电脑端，数据自动同步。"对分易"个人版供师生免费使用，校园版为学校提供更多的教学管理、评估、存档等服务。目前全国已经有3500多所大中专院校，500多万师生在日常教学中使用。

主要功能有：

课程学生及人员管理、作业收发批改、考勤、在线练习、课程资源、考试、讨论区、成绩册管理、微信通知、分组、弹幕讨论、课堂提问等。

微信扫码关注后即可使用

二、教学平台主要功能

教学平台提供了校园课堂教学环节的所有功能，同时支持电脑端和平板电脑，手机端使用。

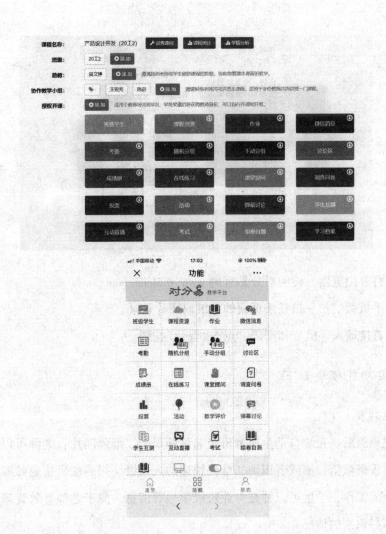

三、注册与登录

注册：关注"对分易"微信公众号，点击菜单"注册与客服"—"我要注册"—"我是教师"。

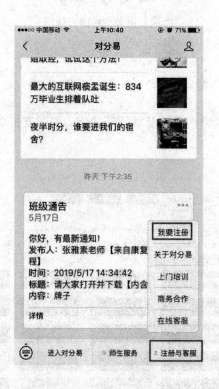

登录：

方式1：打开浏览器，访问对分易官网 www. duifene. com。

方式2：手机微信扫一扫登录页面的二维码图片登录。

方式3：直接输入手机号和密码，点击"登录"按钮。

四、主要功能模块如下

班级学生列表

教师创建班级后，系统自动生成带班级名称标识的二维码图片，老师可以方便地传播给学生；学生手机微信扫描或者识别二维码快速加入班级。扫码加班帮老师减掉大量的班级学生信息录入工作，学生可以补充专业班级学号等信息。便于老师有效管理公共课大班上课，学生不好识别的情况。

学期结束后，可使用复制班级学生功能，复制到下学期的课程。

添加助教，输入助教的手机号搜索出助教，并选中助教；选中该助教要负责管理的班级对象；设置权限。

添加协作教师，输入协作教师的手机号搜索，选中协作教师。

此外，支持其他的课程人员管理的功能。包括：添加或修改或删除班级、生成并分享班级二维码、学生批量换班、学生退班、限制加班人数、设置不允许进班开关、导出学生名单。

作业

教师发布作业后，系统自动向学生微信发送作业发布的通知；学生上传作业并填写作业留言；教师无需一份一份地收集，而是通过在线批阅 50 多种格式的文档、评分评语、写批注；下载已交作业的各种电子版存档，轻松实现纸质批改方式；最后一键发送作业得分通知到学生微信。作业可以实现快速收集，随时批改，立即反馈，节省超 50% 的时间。

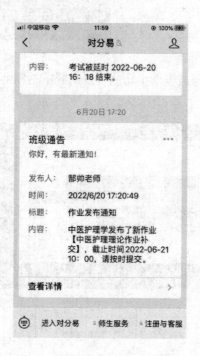

自动统计每次作业活动中交作业、批改作业的关键情况。

支持学生交录音作业、视频作业，帮助老师解决语言类课程和实操类课程的作业考核问题。

除了常规个人作业，支持关联分组，发布小组作业，由小组合作完成作业。

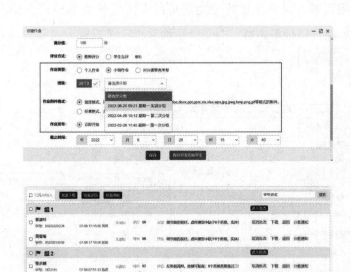

除了教师批阅，支持发布学生之间互评的作业，设置互评实名或匿名、分配方式、必评分数，预览分配结果，确定并开启学生作业互评活动。

经学生互评所得的平均分，教师可点击"批量同步"作为最终成绩，并发送分数通知。此外，支持其他更为丰富的作业环节功能。包括：退回作业、催交作业、成绩分析、单次成绩 Excel 下载、分数汇总 Excel 下载、批量批改等。

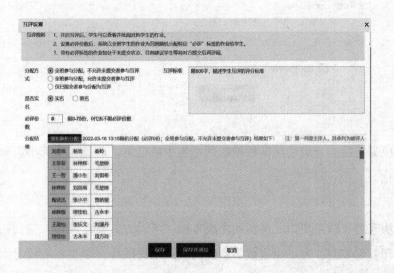

课程资源

教师上传课程资源，灵活地进行分类整理；支持多种资源格式上传，如音视频、课件、图片、文档、网页链接等资料；一键分享给学生；课程资源高效分享与下载，有助于教师促进学生的自主学习。

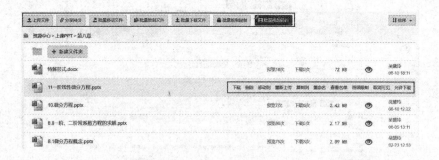

下课后，一堆学生不用追着教师的 u 盘拷贝资料，还能随时随地用手机在线观看教师分享的学习资料。此外，支持教师查看文件被浏览和被下载的学生名单。

分组

分组模块帮您迅速完成分组教学中学生分配繁杂、低效的工作。分组方式支持两种：一种是快速随机的自动分组，一种是灵活可控的手动分组。

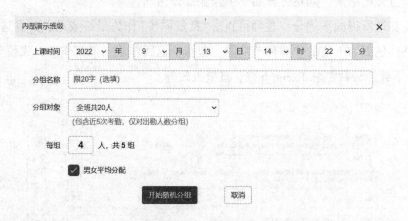

教师完成分组后，分组情况即时推送到学生手机微信。此外，支持小组命名和任命组长，更人性化。

考勤

考勤模块有助于师生便捷、灵活地完成考勤。考勤方式支持两种：签到码签到和二维码签到。教师发起签到，自动生成数字签到码或二维码图片，学生在有效时间内微信直接扫码或发送签到码给公众号；签到过程中，实时统计已签到学生名单。

结束考勤后，随时手动调整个别的考勤结果。

学生发送补签或请假，教师线上审核，审核结果与考勤状态关联。

支持班级的考勤汇总明细 Excel 下载存档。

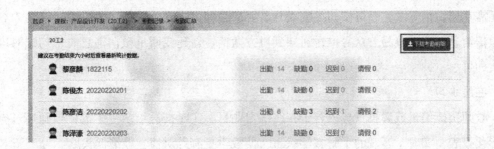

讨论区

讨论区帮您实现课程中多种主题讨论的有序展开与管理。一门课程的讨论区默认自带"常见问题"板块，教师可以自定义其他新的讨论板块，支持图文等附件格式的互动，调动学生参与课程的主题讨论，积极分享和相互交流。此外，支持匿名，鼓励学生用大方使用手机发帖参与讨论，集思广益。

成绩册

成绩册帮您清晰地完整地记录和管理学生的各项成绩，并快速发送成绩通知到学生手机。成绩册包含了学生的作业、考勤、在线练习、考试、自定义成绩项等各项学习行为的表现，通过设置占比数值，自动计算出总成绩，供教师参考打分。

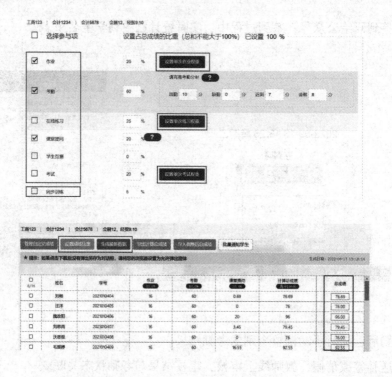

微信消息

微信消息像为班级提供了一个私密的邮箱，满足了师生线下即时互动交流的需求。师生无需互加微信好友，手机微信关注对分易服务号即可；支持教师和学生编写消息内容互发微信消息，由对分易公众号推送通知到对方微信。新建或回复微信消息时，勾选对应收件人即可。

在线练习

教师快捷编辑或者批量导入若干在线练习题目，实时推送给学生手机；教师通过查看图形化报表，实时、客观的了解教学状态，使教学更有针对性，杜绝低头族。

学生手机或电脑作答提交后，平台自动收集并分析答题结果，支持查看每道题中每个选项的对错率及作答名单，针对性向学生提问。此外，支持其他的练习卷设置功能，包括：是否公布答案和成绩、是否重做、成绩下载、试卷下载、催交练习卷。

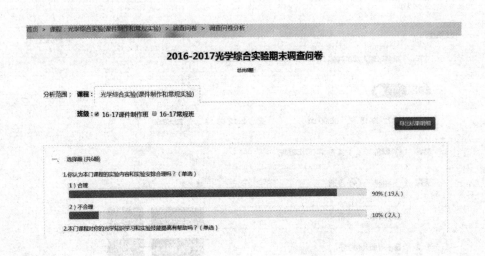

调查问卷

教师可以编辑调查问卷，发布给学生，学生匿名作答后系统会自动统计问卷数据收集结果。方便教师随时了解学生的真实想法而改进教学工作。

课堂提问

在课堂上，教师可以对课程学生发起随机提问、电子名册点名、抢答，增加课堂提问互动的氛围，同时用星星评价并记录课堂提问这个环节学生的成绩表现。

学生发送 QD 给对分易公众号参与抢答。此外，支持下载课堂提问的明细 Excel 表格存档。

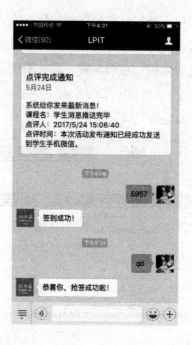

投票

教师、助教和学生均可发起投票，用于帮助组织一些课堂与课外活动，系统实时统计投票结果，增加趣味性。支持限时、匿名、图片投票。

弹幕讨论

弹幕讨论帮助创造更开放的互动氛围体验,师生以弹幕全屏的形式参与主题讨论,学生通过微信快捷发弹幕。所有互动内容实时显示在大屏幕投影上,自动生成词云统计热点词语。现场互动结束后,课后可供回顾。

互动直播

互动直播功能支持上传课件并编辑题目,课堂上教师语音讲解课件并开启答题,学生手机微信端实时答题互动,系统统计并分析答题反馈详情。手机可作为翻页笔使用,控制云端的 PPT 课件播放。师生在消息区进行便捷地互动。

此外,支持其他的直播课功能,包括:学生举手连麦、录播回放、通知离线人员、考勤、同步播放资料。

考试

师生利用该在线考试系统可以远程组织班级考试，包含编辑试卷、发布考试、自动和手动阅卷、试卷修正、公布答案成绩、答卷存档、导出成绩表、监考等教学考试活动环节，并支持查看相关的考试数据分析，确保在线考试能够便捷地、高效、高质量地展开。发布考试，设置考试时间、答卷时长、监考方式等关键项。

题型不断丰富，满足多学科要求；并且支持快速文本加题。

客观题自动批阅，主观题手动批改，所有题型分数可以更改。

点击试卷修正，修改客观题答案，分数将自动修改。

监考支持抓拍和截屏，可以指定重考、发送警告、强制收卷。

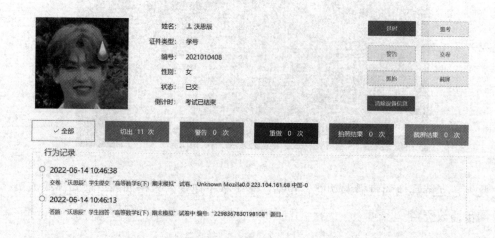

发送分享码，可以分享试卷给其他老师，资源共用。

组卷自测

组卷自测帮助教师组织学生测试更加高效，由老师发布组卷规则及组卷方式、份数，系统自动生成试卷，学生完成刷题交卷。过程中，教师无需手动新建和编辑具体的题目，依靠题库资源的建立与积累，就能对学生展开有效的测验。设置组卷规则，固定组卷(学生试卷一样)还是随机组卷(每个学生随机生成不一样的试卷)、组卷份数、是否限时完成。设计题型与分值的分配，勾选题库及试卷范围。学生点击"生成试卷并开始答题"，进行自测并交卷。

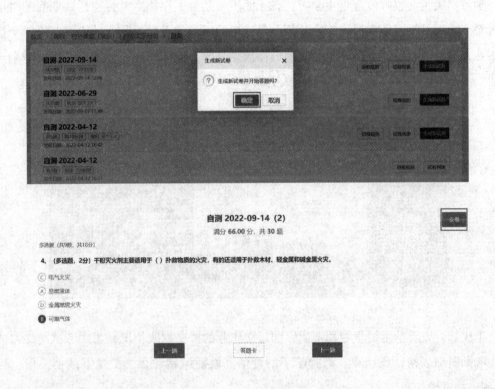

学生点击"试卷列表"，查看答卷、重做、继续作题

教师查看学生的自测情况，如按照平均分排序。

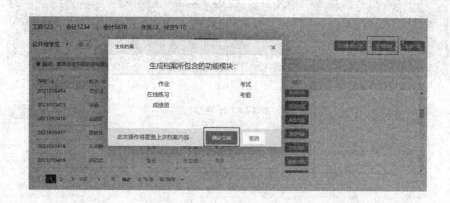

学习档案

学习档案帮助教师梳理学生学习状态，而不单是为了存档。教师在授课期间随时可以查看每个学生的学习档案册，综合分析一个学生的所有关键学习行为的表现，给予个性化的指导，并及时给予形成性评价。教师选择数据来源，比如作业、练习、考试、考勤、成绩册。点击"生成档案"，等待档案排队生成。

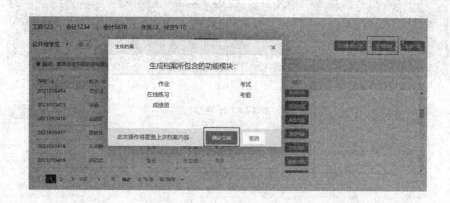

生成后，查看学生的学习档案册，如每次作业的提交批改情况、每次考试与练习的答卷、考勤明细表格，成绩单、教师给予的评语。教师编辑评语。批量下载档案册，存档pdf到电脑本地。